U0076759

釜山

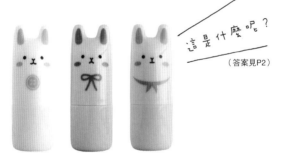

這是什麼呢？

（答案見P2）

Lala Citta是義大利文的「城市＝La Citta」，
和享受輕快旅行印象綜合而成的用語。
書中匯集了港都的美食、火紅咖啡廳、
養顏美容的蒸氣房和韓方化妝品等…
不可錯過的旅遊時尚新主題
當你在想「今天要做什麼呢」時
就翻翻這本書吧。
歡樂旅遊的各種創意都在書中。

人人出版

ララチッタ 釜山

CONTENTS

美食

Column

購物

美容

Column

P1照片的解答→逗趣兔子造型的柱狀香水
（TONYMOLY→P41）

哪個方便？
便宜？快速？
一目瞭然♪

可以拆下使用
別冊MAP

本書的標示

📱 …世界遺產
⛰ …必看景點
📷 …絕佳景觀
🚶-30分 …大約30分
🚶30~120分 …30～120分
🚶120分以上 …120分以上
📋 …有英文版菜單
🗣 …有諳英語的員工

📥 …需事先訂位
Ⓢ …單人房，或是單人使用
　　雙人房的住宿費（房費）
Ⓣ …雙人房的住宿1晚住宿費
　　（房費）

🏢 …有餐廳
🏊 …有泳池
🏋 …有健身房
💆 …有美容沙龍／三溫暖

🚇…交通　🏠…地址　📞…電話號碼
🕐…開館時間、營業時間
🚫…公休　💰…入場費或服務費用

其他注意事項

○本書所刊載的內容及資訊，是基於2016年5～6月時的取材、調查編輯而成。書籍發行後，在費用、營業時間、公休日、菜單等營業內容上可能有所變動，或是因臨時歇業而有無法利用的狀況。此外，包含各種資訊在內的刊載內容，雖然已經極力追求資訊的正確性，但仍建議在出發前以電話等方式做確認、預約。此外，因本書刊載內容而造成的損害賠償責任等，敝公司無法提供保證，請在確認此點之後再行購讀。
○地名、建築物名在標示上參考政府觀光局等單位所提供的資訊，並盡可能貼近當地語言的發音。
○休息時間基本上僅標示公休日，略過新年期間、農曆新年、中秋節和國定紀念日等節日。
○費用的標示為成人的費用。
○韓國自2014年開始實施新地址系統。本書所刊載的地址資訊完全統一為新地址的標示。

釜山玩家強力推薦

旅行 Key word

擁有朝氣蓬勃的市場和韓國藝術街區等，釜山能令人一窺不同面貌的韓國。讓我們帶著釜山專業玩家推薦的旅遊關鍵字，雀躍地踏上這場繽紛之旅吧！

除了蔘雞湯外，還會附上蘿蔔泡菜、自製泡菜和涼拌雞胗等數種小菜。麵線（左）放入雞湯內，青辣椒和大蒜則是沾味噌醬後直接食用。東萊蔘雞湯店（→P18）

Key word ❶

美麗還需從裡到外

養顏美容的韓國菜

（→P28）

推薦人│韓國菜研究家 **金 德子**

韓國菜將陰陽五行思想的五味（酸甜苦辣鹹）和五色（赤青白黑黃）融入食材當中，有益於健康養生。由於能同時攝取當季蔬菜、泡菜和辣椒醬等發酵食品，所以還具有抗老回春的功效。內含豐富礦物質的新鮮海鮮也只有釜山才品嘗得到。享用富含營養的當季食材，又能從內美麗到外，是最大的魅力之處。

1 東萊別莊（→P80）的傳統宮廷料理九節板 2 釜山的海雲탕（海鮮鍋）放有豐富大量的海鮮。海東海鮮鍋（→P24） 3 清爽養生的冷麵。草梁麥麵（→P19）

Profile

澀谷的韓國菜餐廳NARUGE的老闆。擔任料理教室講師並活躍於電視節目和廣播等。著作《韓国料理の新しい魅力》（旭屋出版）為首本獲得「美食家世界食譜書大獎2004年」的韓國菜食譜

私房景點的巷弄美食
便宜好吃的美食之街
→P30・67

推薦人│韓國菜作家 **八田靖史**

釜山隨處可見如西面的豬肉湯飯街或海雲臺的生魚片街等的美食一條街。其中最為推薦的是札嘎其站附近的양곱창（烤腸）一條街。新鮮的牛腸堪稱絕頂美味。想填肚子時，前往市場的攤販十分方便。若想知道好吃的店，詢問飯店櫃台或計程車司機等當地居民準沒錯！

1 烤腸街的老字號店白花烤腸（→P77）的牛腸嚼勁十足！ 2 甜辣醬汁的辣炒年糕是攤販的招牌料理 3 韓國的魚漿製品（關東煮）名為오뎅

Profile
韓國菜的專欄作家。於1999年前往韓國留學後，深陷於韓國菜的魅力而無法自拔。有《八田靖史と韓国全土で味わう絶品！ぶっちきり108料理》、《食の日韓論》等著作。個人網站圖www.kansyoku-life.com/深獲好評

4.市場內可邊走邊吃的美食也不容錯過。剛出爐熱騰騰的最好吃！ 5 札嘎其市場周邊販售新鮮魚貨的攤販和熙攘的當地居民與觀光客 6 從店門口瀰漫而出的炭烤香味，1號線中央站旁的쭈꾸미구이（烤小章魚）街匯集了眾多的烤小章魚店

1.發酵化妝品之后su:m 37°的精華液擁有爆炸性的人氣 2.雪花秀的韓方成分滋潤逐漸乾燥的肌膚 3.藥妝第一品牌It's skin的肌膚活化精華液 4.belif乳霜的草本成分營造水嫩肌。無添加物讓敏感肌也能安心使用

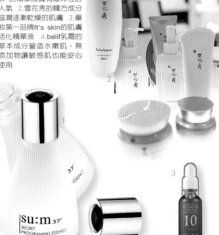

善選化妝品化身韓國美人
頂級首選化妝品
→P42

推薦人│韓流・韓國作家 **兒玉愛子**

韓國化妝品種類繁多，從低價化妝品到韓方化妝品應有盡有。如不知從何下手，建議從想得到的功效和肌膚問題上分別挑選、使用。乾燥的季節選用能滋潤肌膚、促進血液循環的「韓方化妝品」。容易被皮膚吸收的「發酵化妝品」可增強保濕能力，想維持肌膚健康則強力推薦天然成分的「藥草化妝品」。不妨實際親身體驗。

Profile
韓流・韓國作家。旅韓經驗多不勝數，宣傳報導美食、化妝品和韓國舞台音樂劇等多方面的韓國文化資訊。企劃《韓国コスメ名鑑》（East Press）。經營部落格「韓美生活」

→P32

Key word ④

挑逗釜山女性的少女心

絕頂美味咖啡廳

→P32

推薦人 | 現居釜山的日文講師
さき媽媽

近年來，釜山持續開設了許多不遜色於首爾的時髦咖啡廳，販售新招牌甜點瑞士卷、或是獨家甜點的咖啡廳如雨後春筍。擁有舒適放鬆氣氛的Aesop's Fable，除了招牌鬆餅外，還推薦使用新鮮水果的翻轉蘋果塔。可享用到色彩繽紛彩虹蛋糕的Molle也是我最喜愛的咖啡廳之一。

✎ *Profile*

居住於釜山近郊的梁山市超過10年的日文講師。和韓國丈夫以及2個孩子一同生活。最近的興趣為遍訪咖啡廳，以工作所在地西面為中心四處開發新店舖，同時經營個人部落格。
🔗plaza.rakuten.co.jp/kankokubunka/

1.帶有沉穩氛圍的Aesop's Fable
2.擁有寬敞沙發座位的咖啡廳Molle
3.Molle的彩虹蛋糕外觀豪華分量充足
4.老虎咖啡廳的麻糬風度鍋。麻糬沾上紅豆醬後享用

Key word ⑤

於超市或百貨公司輕鬆添購

精挑細選食品伴手禮

→P48

推薦人 | 現居釜山的日本主婦部落客 **ma**

想選購釜山獨特的食品伴手禮，就絕對不能錯過附近的超市和百貨公司地下賣場。除了眾人熟知的速食杯麵外，有機類食品的選擇也是琳瑯滿目。最推薦的是在韓國女性間引起風潮、混合黃豆等數十種穀物的麵茶。除了能作為減肥期間的營養補給品外，據說還具有美肌效果。而購買如全羅南道新安產的鹽等著名產地的伴手禮的話，品質則更能有所保證。

✎ *Profile*

居住於釜山約7年，和釜山出身的丈夫一同生活。所經營的部落格以主婦的角度介紹從海鮮到肉類等便宜好吃的釜山美食、以及和熱情的當地居民相處點滴等日常生活，深受好評。常去的超市為E Mart和樂天超市。
🔗blogs.yahoo.co.jp/m5035294

天日鹽
(180g)
W6000

辣醃鱈魚腸
(100g) W5500

有機農麵茶
(500g) W13500

真空包裝泡菜
(200g) W2350

小麥冷麵
3人份
W5000

辛拉麵
黑色版
W1240

枳椇子茶
(340ml)
W1200

於備受矚目的文化地區來場藝術散步♪

甘川文化村

→P76

推薦人 **全 永鐵**
甘川文化村體驗課程講師

甘川（감천）文化村為保留了韓國獨特階梯式
住宅的文化地區。藉由2009年的藝術專案而
蛻變為現今所見的彩色住宅群。於藝術商店購
買地圖後，探索6座景點後，最終可到達瞭望
台「天空之脊（하늘마루）」。天空之脊同時也
是觀光服務處，在此可將村落及釜山港盡收眼
底。探險途中會經過狹窄的巷弄和冗長的階
梯，說不定還能邂逅當地的居民或優美的藝術
風景。

Profile
於新羅大學攻讀陶瓷器至研究所。2010年參加創
立甘川文化村的藝術專案，目前則是擔任文化村體
驗課程中陶瓷器製作講座的講師。
www.gamcheon.or.kr/（韓文）

1.販賣作品的藝術商店　2.地區居民參與製作的藝術作品
3.名為「人與鳥」的藝術作品　4.從村落的入口眺望而去，
可見映照於藍天下的彩色住宅甘川文化村

消除日常生活的疲憊倦怠

韓式蒸氣房天堂

→P54

推薦人 作家 **橋場紀子**

釜山居民專用的療癒去處即是蒸氣房。不論是使用黃土和紫
水晶的低溫三溫暖間，抑或是對於婦女疾病有良好療效的艾
草蒸和按摩等，內容種類豐富多樣。最大特色為享受三溫暖
後，能在廣大的休息空間內橫躺放鬆。除了有喜歡聊天談心
的女性好友外，亦常見到情侶的身影。暖和身體後，不妨試
試另外付費的精油按摩或是含洗頭的去角質服務吧。

Profile
訪韓次數超過100次，著有《ぐるぐるプサン》、
《ぶらり仁寺洞》等書（皆為書肆侃侃房出版）。暱
稱為「のんのん」。部落格「かんかんKOREA」
www.kankorea.com/擁有豐富的韓國資訊。

1.汗蒸幕為高溫燒燙的三溫暖！　2.除了能在
此度過半天時光，因營業時間為24小時，也
能選擇在此過夜　3.將毛巾綁於頭上類似羊頭
的形狀，因在韓劇中登場而蔚為流行。這是
韓國獨有的蒸氣房風格　4.藉由水煮蛋和甜米
酒補充營養及水分，也是韓國獨特的作風

知道賺到

旅行
Happy Advice

在此介紹能令旅途倍增樂趣的
賞玩秘訣和實惠資訊。
善用這些情報，
讓這趟釜山之旅
滿載而歸吧。

Happy Advice ①
悠閒放鬆於沙灘？
或來場機動之旅？
依據目的不同來決定住宿區域

瀕臨對馬海峽的釜山最大魅力即為大海。旅遊旺季時人聲鼎沸的海雲臺海灘沿岸瀰漫著度假氛圍。相對地，南浦洞則是擁有釜山塔和市場等景點而熱鬧非凡。此兩大區域即使是乘坐地鐵也有30分車程的距離，因此建議依旅行目的不同而選擇住宿地點為佳。（編輯部）

➡ 在韓國屈指可數的海灘享受度假氣氛
⬅ 不妨走訪可品嘗到新鮮海鮮的當地市場

Happy Advice ②
車費可獲得折扣的Hanaro卡最為方便

⬆ 可於地鐵站內的自動販賣機購買

有如台灣的悠遊卡或一卡通的儲值型交通卡。購買交通卡時需支付卡片費用W3000，但搭乘地鐵或巴士時可享W50～100的折扣，若移動方式多為地鐵則建議使用。搭乘計程車雖無折扣優惠，但部分計程車可選擇使用Hanaro卡支付車資。另售有吊飾型交通卡（→P92）。（編輯部）

Happy Advice ④

令人緬懷悠久歷史的古墳公園

欲前往露天博物館「慶州」搭乘KTX最為省時

慶州名列聯合國教科文組織世界文化遺產名單，觀光景點分散各處，較具代表性的有佛國寺、石窟庵、大陵苑等。從釜山前往慶州有好幾種方法，其中以從釜山站搭乘KTX約30分前往新慶州站，再轉乘巴士前往目的地最為省時。（編輯部）

➡ 紅豆內餡的知名糕點星南麵包

Happy Advice ③

➡ 攤販美食中受歡迎的關東煮

想邂逅美味小吃請前往美食專賣一條街

釜山美食豬肉湯飯、烤腸或生魚片等專賣店匯集一處的美食一條街，在韓國十分常見。地鐵1號線中央站附近（MAP別冊P5-C2）烤小章魚（쭈꾸미구이）專賣店匯集的街道上，無處不瀰漫著炭烤章魚的香味，饒富趣味。（韓國菜作家／八田靖史→P5）

⬇ 令人一口接一口的辣炒小章魚

Happy Advice ⑤ 享受蒸氣房之際
別忘了醉人的海灘夜景

廣受歡迎的蒸氣房，是韓國男女老少的社交場所和約會地點。由於是低溫三溫暖故適合長時間停留！大多數設施為24小時營業，所以最推薦夜晚前往。從港都釜山特有的濱海蒸氣房設施一望而出的絕美海景，令人有彷彿置身於高級度假村的錯覺。
（作家／橋場紀子→P7）

↓強力推薦海雲臺或廣安里的海灘

→豬肉湯飯的獨特湯頭 令人朝思暮想

Happy Advice ⑥ 不僅僅只有海鮮！
挑戰釜山知名料理

由於釜山擁有韓國代表性的漁港，所以往往令人聯想到海鮮料理，但釜山的著名料理可是不勝枚舉。例如小麥製的冷麵、滿溢豬肉鮮味的豬肉湯飯、以及類似沙拉的冷盤豬腳等。趁此機會吃盡所有釜山起源的鄉土美食吧。（編輯部）

→富有嚼勁的麵條和泡菜超搭

醬滋味豬腳和辣椒絕配

Happy Advice ⑦ 低價化妝品
免稅店也買得到

免稅店常給人強烈的高級品牌印象，但實際上也有販售低價化妝品。販售方式多為成套或禮盒，比單件購買更加划算，甚至有時會附送贈品。能買到適合分贈的面膜可說是相當珍貴喔。（編輯部）

→別忘了確認有無漏買物品！

→可一次大量買齊人氣面膜

Happy Advice ⑧ 一個人也能從容入店
早午餐豐富的咖啡廳快速急增

→除了甜點外餐點也好吃

包含連鎖店在內，釜山的街頭處處可見咖啡廳。最近有不少咖啡廳開始豐富自己的早午餐選項，除了咖啡茶飲外也能享用到餐點。雖然在韓國大多一起結伴前往咖啡廳，但單獨一人也能從容進入的咖啡廳開始增加，值得欣喜。
（居住釜山的日文講師／さき媽媽→P6）

↓1個人也能放鬆的舒適空間

出發前務必check！

釜山
Profile

●首爾

●釜山

●正式國名／都市名
**大韓民國
釜山廣域市**

●人口／面積
**351萬4842人
765.94k㎡（2016年）**

●語言
韓文

●貨幣與匯率
**W100＝2.5新台幣
（2017年5月時）**
貨幣和貨幣兌換
→P102

●時差
＋1
※無實施夏令時間

●小費
不需要
餐廳和飯店費用已內含服務費，故不須小費。若另外委託飯店特殊事項，或請計程車司機搬運沉重行李時，為表達感謝之意可給予約W1000的金額。

●最佳旅遊季節
**春季（4、5月）和
秋季（9、10月）**
氣溫和降雨量→P14
國定假日→P14

●入境條件
**90天內的觀光
無需簽證**
護照和簽證資訊
→P98

009

區域Navi

釜山位於朝鮮半島的東南部，為韓國第2大都市。從1876年開港至今，作為國際貿易港口而蓬勃發展，除了海灘外同時也擁有溫泉，每年吸引為數眾多的觀光客到訪。

↑有如地標性存在的樂天百貨
↓巷弄內有當地居民熙攘前往的餐廳

以釜山港港都蓬勃發展的南浦洞區域

```
            觀光客多
      ★Centum City
   美    ★          ★
   食  南浦洞    海雲臺   度
   ·     ★梵魚寺        假
   購                   氣
   物  釜山站周邊  ★      氛
   為            東萊溫泉
   主    ★      ★
       西面  釜山大學  廣安里
            當地居民多
```

① 南浦洞 MAP 別冊P4-5
남포동

連結韓國漁獲量首屈一指的釜山港和札嘎其市場的南浦洞區域。國際市場、釜山塔等主要景點匯集於此。以最為熱鬧的光復路為界線，南側為南浦洞，北側則為光復洞。街道兩旁有流行先端的服飾品店、低價化妝品店和受歡迎的時尚咖啡廳等，狹窄的巷弄內則是有櫛比鱗次的餐廳，可謂釜山最繁華熱鬧的地段。

CHECK!
- ●光復路（→P38）
- ●龍頭山公園／釜山塔（→P62）
- ●BIFF廣場（→P64）
- ●札嘎其市場（→P65）

ACCESS>>>
Ⓜ1號線南浦站、札嘎其站

➡可當場享用到新鮮的海鮮

↓釜山站也是釜山的交通要衝

② 西面 MAP 別冊P6
서면

此處有直通車站的釜山樂天飯店，以及內設免稅店的樂天百貨等大型設施，為釜山第2大的鬧區。周遭有西面醫療街、餐廳和攤販匯集的美食街、以及地下街大賢Primall等。最近年輕人喜愛的俱樂部和酒吧也逐步開業。因位於地鐵1號和2號線的交會處，所以交通十分方便。

CHECK!
- ●大賢Primall（→P44）
- ●樂天免稅店釜山店（→P51）
- ●樂天百貨（→P66）

ACCESS>>>Ⓜ1、2號線
西面站

品牌大樓眾多時尚 · 百貨公司和

↓低價商品不容錯過

③ 釜山站周邊 MAP 別冊P3-A3
부산역

釜山鐵道玄關口——國鐵釜山站所在的區域。車站內設有自助餐廳、商店和觀光服務處等。國鐵釜山站隔著車站的對側為地鐵釜山站。

CHECK!
- ●本田豬肉飯（→P28）
- ●釜山觀光巴士夜景路線（→P86）

ACCESS>>>Ⓜ1號線釜山站、國鐵釜山站

↓觀光客稀少的私房海灘

←在可見海景的咖啡廳歇息片刻

④ 廣安里 MAP 別冊 P8-A3
광안리

近年開發的海水浴場，相較於海雲臺有較多的當地年輕人。夏季時有滑水或氣墊船等熱鬧的水上活動，海灘上也會設置攤販。

CHECK!
●Homers (→P86)
●老奶奶河蜆湯 (→P79)

ACCESS>>> Ⓜ2號線廣安里站、金蓮山站

韓國屈指可數的海灘度假勝地

⑤ 海雲臺 MAP 別冊 P9
해운대

以長達2公里優美白沙海灘描繪出一道弧線的海雲臺海水浴場為中心，享譽國際的度假勝地。海灘沿岸設有高級飯店而同時享有都會氛圍。此處為每年10月舉辦的釜山國際電影節的主要會場，屆時眾星雲集。同時也是溫泉養生聖地，可於海灘享受足湯或是於釜山天堂酒店內浸泡溫泉。步行前往海灘只需約5分。

↑點燈後的夜景美得令人屏息

CHECK!
●天堂賭場 (→P69)
●海雲臺海灘 (→P68)

ACCESS>>> Ⓜ2號線海雲臺站

↓懾服於韓國禪宗的歷史遺跡

↑釜山大學為年輕人的流行基地

⑥ 東萊溫泉·梵魚寺·釜山大學周邊
동래온천·범어사·부산대 MAP 別冊 P7

→請務必品嘗東萊的著名美食

↓釜山居民時常前往的蒸氣房

位於釜山北部的景點。東萊溫泉為新羅時代國王所造訪的溫泉勝地，再往北走有韓國禪宗總本山梵魚寺。釜山大學介於東萊溫泉和梵魚寺之間，街道兩旁皆為流行商家和咖啡廳。景點全位於地鐵1號線沿線，交通十分便利。

CHECK!
●釜山大學周邊 (→P46)　●梵魚寺 (→P70)
●虛心廳 (→P55)

ACCESS>>> Ⓜ1號線溫泉場站、釜山大學站、梵魚寺站

⑦ Centum City
센텀시티 MAP 別冊 P8-B1

→世界最大規模的新世界Centum City
↓設有SPA和溜冰場等多元設施

百貨公司、SPA LAND和電影院等雲集一堂，全世界最大規模的複合性設施新世界Centum City，以其為中心發展的備受矚目新區域。

CHECK!
●新世界Centum City (→P50)

ACCESS>>> Ⓜ2號線Centum City站

郊外景點

慶州 MAP P72
경주

可感受到歷史情懷的古墳公園

慶州為約1000年歷史之新羅王朝的繁華首都。存在著多數古墳群和發掘出的遺跡，其一帶被登錄為世界遺產，並且有「露天博物館」之別稱。從釜山搭乘電車約30分便可到達，適合一日遊。

ACCESS>>> 慶州站、新慶州站

↑被認定為世界遺產的佛國寺

＋α 行程編排
3天2夜的
經典行程

前往著名市場、大啖美食，同時也別忘了觀光！為了讓這趟釜山行成為難忘之旅，請參考豐富精彩的經典行程，再擬定自己的專屬計劃吧！

day 1

12:15	到達金海機場
	●⋯輕軌＋地鐵25分
13:30	前往西面的飯店放置行李
	●⋯地鐵16分
14:00	遊逛札嘎其市場＆享用海鮮
	●⋯步行10分
15:30	南浦洞散步
16:30	登釜山塔眺望
	●⋯地鐵16分
17:30	回到西面逛免稅店＆百貨公司
18:30	接受運動按摩放鬆身心
19:30	晚餐享用蔘雞湯
21:00	於居酒屋乾杯韓國米酒★

請盡情享受逛街的樂趣

↑小店數量繁多的札嘎其市場（→P65）為必訪景點

↑流行商店齊聚的光復美化街

➡低價化妝品品牌的店家隨處可見

➡樂天百貨（→P66）最適合採買伴手禮

↑釜山的地標建築釜山塔（→P62）

↑讓筋骨放鬆的綠洲腳底按摩（→P58）

←在Moon Drop（→P36）享受韓國米酒

DINNER

↑營養豐富的蔘雞湯。開城蔘雞湯（→P29）

＋α行程構案

釜山擁有多間眼鏡行，配鏡製作僅需20～30分，十分推薦。物美價廉故可一次購買2～3副。

day 2

08:00	早餐吃豬肉湯飯
	●⋯地鐵26分＋巴士
09:30	前往禪宗總本山的梵魚寺
	●⋯地鐵10分
11:00	釜山大學逛街＆午餐
	●⋯地鐵30分

續見P13

←據說是678年創建的梵魚寺（→P70）。綠意盎然令人神清氣爽

LUNCH

↑松亭3代豬肉湯飯（→P78）的豬肉湯飯全是豬肉的鮮美

↓釜山大學旁的學生街，多數店鋪引領潮流

➡韓國起源的品牌和暢貨商店也不在少數

↑在傳統小麥冷麵（→P80）享用冷麵午餐

←走累時可在Aesop's Fables（→P33）小歇片刻

接續P12

15:00 前往廣安里享受蒸氣房

17:00 眺望廣安大橋

●…地鐵12分

18:00 散步於海雲臺海灘

18:30 燒肉晚餐

●…計程車15分

21:00 返回廣安里在酒吧小酌

➡點燈後的廣安大橋如夢似幻

米和麥芽發酵製成的甜飲

⬆在能將大海一覽無遺的蒸氣房中紓解身心

➡水煮蛋和甜米酒可作為流汗後的營養和水分補給

⬆相較於海雲臺海灘，廣安里海灘較多當地居民造訪

也可包在烤過的泡菜和萵苣中享用

⬇可品嘗到風味濃厚韓國產豬肉燒肉的伍班長（→P22）

DINNER

⬆旺季的海雲臺海灘可見五顏六色遮陽傘的壯觀景象

使用芒果的飲料豐富多樣

➡散步之際可在MANGO SIX（→P69）休息片刻

⬇手持雞尾酒沉醉於釜山之夜！

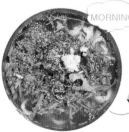

⬆可欣賞夜景的酒吧Fuzzy Navel（→P36）

┃+α行程備案

若海灘散步仍不能完全滿足你，建議前往可從店內眺望到海灘的咖啡廳。能同時品味到咖啡和絕佳美景。

day 3

09:00 早餐吃麵

●…計程車5分

09:20 於西面附近的超市採購伴手禮

●…計程車5分

10:00 整理行李後退房

10:30 於西面進行最後購物

11:30 從飯店搭乘利木津巴士前往機場，約30分

MORNING

⬆於機張刀削麵（→P26）享用刀削麵

+α行程備案

若仍有剩餘時間，可前往新世界Centum City（→P50）。有書店和食品賣場，適合採購伴手禮。在美食街享用輕食也是不錯選擇。

➡E MART TRADERS（→P84）便於大量採買

⬆時時處於缺貨狀態的香蕉口味巧克力派

⬆小瓶裝的芝麻油等調味料

➡辣味勁十足的辛拉麵最受歡迎

⬇商品種類豐富的百貨地下街也值得推薦

旅遊季節

國定假日

1月1日……新曆新年

1月27～30日……舊曆新年★
（설날，相當於舊曆中的1月1日。
不少店家會實施三連休）

3月1日……三一節（抗日獨立運動紀念日）

5月3日……佛誕日★

5月5日……兒童節

6月6日……顯忠日
（忠靈紀念日。
舉行為國捐軀者的追悼儀式）

8月15日……光復節（獨立紀念日）

9月14～16日……秋夕★
（추석，為舊曆的8月15日，相當於台灣的
中秋節。不少店家會實施三連休）

10月3日……開天節（建國紀念日）

10月9日……諺文日

12月25日……聖誕節

節慶·主要活動

2月11日…大滿月（元宵節）★
（做農忙期的準備和祈禱健康平安，
食用穀物和果實）

2月14日…情人節

3月14日…白色情人節

4月14日…黑色情人節
（情人節和白色情人節時戀情無法開花
結果者，在這天會吃黑色的炸醬麵）

5月7日…宋廟祭禮★
（祭祀朝鮮王朝的歷代國王，
韓國最大的傳統節慶）

10月6日～15日…釜山國際電影節
（以亞洲新人導演為主的國際性電影節）

氣候和穿衣建議

春 (3～5月)
寒意漸緩的3月早晚仍舊寒冷。進入4月後春意瞬間濃厚，5月大多為清爽舒適的氣候。

夏 (6～8月)
6月下旬至7月下旬進入正式的梅雨季，建議隨時攜帶折疊傘。8月時換上泳裝前往海灘是不錯的選擇。

秋 (9～11月)
9月至11月多為秋高氣爽的好天氣。從11月中旬須做好禦寒對策。

冬 (12～2月)
進入12月後氣溫驟降，1～2月為最冷月份，空氣乾燥故須做好保濕步驟。

平均氣溫和降雨量

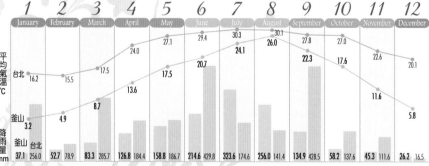

	1 January	2 February	3 March	4 April	5 May	6 June	7 July	8 August	9 September	10 October	11 November	12 December
平均氣溫℃ 台北	16.2	15.5	17.5	24.0	27.1	29.4	30.3	26.0	27.8	27.0	22.6	20.1
釜山			8.7	13.6	17.5	20.7	24.1	30.1	22.3	17.6	11.6	5.8
釜山	3.2	4.9										
降雨量mm 釜山	37.1	52.7	83.3	126.8	158.8	214.6	323.6	256.0	134.9	58.2	45.3	26.2
台北	256.0	78.9	285.7	184.4	186.7	429.8	174.6	141.4	428.5	137.6	111.6	16.5

各都市的氣溫、降雨量為引用台灣中央氣象局及日本理科年表之數據

★記號的國定假日、活動和節慶每年日期都會變動。上述日期為2016年8月～2017年7月的資訊。
此外，活動的日程也可能會有所變動。

美食

除了燒肉、冷麵和湯品等廣為人知的韓國美食外，
在此介紹釜山獨有的海鮮，
以及韓星們流連忘返的餐廳等必吃美食。
魅力無窮的可口甜點也不容錯過！

釜山電影節的舉辦之地
韓星流連忘返的名餐廳

舉辦全世界電影界一大盛事釜山國際電影節的釜山市區內，演藝明星們時常造訪的餐廳可說不勝枚舉。其中不乏有作為電影外景地的餐廳，也切勿錯過。

칠성식당
七星食堂

門峴洞
MAP 別冊 P3-B2

使用煤球燒烤的烤牛腸

位於門峴洞烤腸街的著名店家。以現今少見的煤球燒烤而成的牛腸，因價格低廉而遠近馳名。餐點中又以特製辣椒醬調製的藥念醬烤牛腸最為推薦。

↑預先稍微烤過的韓國產牛腸

data ⊗Ⓜ2號線門峴洞站步行8分
⾣南區지게골로7　부산광역시 남구 지게골로 7　📞(051)632-0749
🕐11時～翌3時　休第4個週日

취景
《朋友》

↑烤好的牛腸包入蔬菜內

《朋友》 story
4位青梅竹馬在高中久別重逢，因某樁事件為由，俊碩（劉五性）和東洙（張東健）遭到勒令退學。物換星移，進入黑社會的2人逐漸走上對立一途……。

↑烤牛腸1人份W7000，2人以上起餐。圖片為2人分量

來店
河智苑、金宇彬等

춘하추동
春夏秋冬

西面
MAP 別冊 P2-A3

大排長龍的熱門小麥冷麵餐廳

小麥製麵的冷麵為釜山知名料理。辣椒使用以特產地聞名的英陽所產的辣椒，堅持使用韓國產的食材。使用韓方燉煮的湯頭帶有獨特的味道，偏細的麵條有著適中的嚼勁口感。

data ⊗Ⓜ2號線西面站步行10分　⾣釜山鎮區西面文化路48-1　부산시 부산진구 서면문화로 48-1　📞(051)809-8659
🕐10～22時　休無

→當地居民和觀光客常常將店內擠得水洩不通

↑分量充足的小麥冷麵W5500

←同為多齣韓劇的取景地

원조할매국밥
元祖奶奶湯飯

海雲臺 MAP 別冊 P9-C4

守護當地居民健康的超便宜湯飯

創業至今54年，海雲臺湯飯街的元祖店。大鍋整日燉煮的高湯中加入了豆芽菜和柔軟的牛肉，鮮美滋味不言而喻。令人吃驚的便宜價格也是受到當地居民愛戴的原因。

↑선지（牛血）湯飯 W4000

data 図M2號線海雲臺站步行5分
海雲臺區龜南路21號街27
부산광역시 해운대구 구남로21번길 27
(051)746-0387 24小時 無

↑溫暖身軀的牛肉湯飯W4000

↓於店頭一字排開的攤販美食

상국이네 김밥
相國家紫菜包飯

海雲臺 MAP 別冊 P9-C4

24小時營業的用餐咖啡廳

24小時皆能品嘗到辣炒年糕和紫菜飯卷等代表性攤販美食的餐廳。以고춧가루（辣椒粉）製成的特製醬料所做的辣炒年糕為人氣餐點。想見到明星則可選擇深夜前往。

→關東煮 W2000（3支）

↑紫菜飯卷2條W4000

↑特製醬料的辣炒年糕W3500
←韓流明星和運動選手皆曾來訪

data 図M2號線海雲臺站步行5分
海雲臺區龜南路41號街40-1
부산광역시 해운대구 구남로41번길 40-1
(051)742-9001 24小時 無

언덕위의 집
The Hill House

海雲臺 MAP 別冊 P9-D2

迎月嶺的時尚咖啡廳

曾為電影《我的野蠻女友》和《大浩劫》取景地的咖啡廳。位於景觀優美的達맞이고개（迎月嶺），一如咖啡廳名稱「嶺上之家」之意，能將海雲臺海灘景觀盡收眼底。

data 図M2號線海雲臺站車程6分
海雲臺區迎月路7號街11
부산광역시 해운대구 달맞이길7번길 11
(051)743-2212〜4
10時〜翌2時 無

→古典風的咖啡廳空間舒適易居

↑咖啡W5000、起司蛋糕W5000

人潮絡繹不絕的名餐廳

讓討厭排隊的韓國人也能情願大排長龍的名餐廳，你絕對不能錯過。
正因旅行停留時間不長，更需鎖定人潮較少的時段前往，事半功倍。

這美食令人食指大動

排隊 Info
剛開店的15時～17
時時段，比較不需排
隊便可入店。

飯桌 밥상
西面
MAP 別冊 P6-A2

韓國家庭料理一字排開

燉煮料理和湯品等主菜再加上沙拉、涼
拌菜和雜菜等小菜擺滿餐桌的「鄉村定
食」最受歡迎。每道菜餚皆十分下飯，
令人不禁大快朵頤。

↑豐富菜餚
的 시골밥상
（鄉村定食）
W8000（圖
片為2人份）
➡為和式座
位，適合全
家大小用餐

data 交M1、2號線西面站步行
10分 住鎮區中央大路673
부산 부산진구 중앙대로 673
☎(051)806-8889
營10時30分～22時 休無

東萊蔘雞湯 동래삼계탕
Centum City
MAP 別冊 P8-B1

這美食令人食指大動

營養充足的蔘雞湯專賣店

放入韓國人蔘和紅棗等食材、清淡
卻又濃醇的雞湯，以及軟嫩韓國產
雞肉是受歡迎的秘訣。泡菜、蘿蔔泡
菜和大蒜拌雞胗等自製小菜也是絕
頂美味。

↑雞湯內的食材
豐富多樣

data 交M2號線Centum City站步行9分
住海雲臺區Centum5路55
부산 해운대구 센텀5로 55
☎(051)744-7172 營11～21時 休無

店 餐
內 廳
乾 皆 外
淨 明 觀
← 亮 和

排隊 Info
12～14時和18～20
時時人潮最為擁擠。
由於位於辦公區，週
末前往則不需排隊。

僅使用韓國產食材的蔘雞湯W14000

↓水冷麵W3500（小）

這美食令人食指大動

◀口感滿足的王韓式蒸餃 W3500

↓有桌椅座位和和式座位2種

초량밀면
草梁麥麵

釜山站
MAP 別冊 P3-A3

使用韓方藥材的自製小麥冷麵

使用當天進貨豬骨、雞骨、桂皮和甘草等食材，花費3天燉煮的高湯滋味深厚。內餡放入大量蔬菜的健康韓式蒸餃也很受歡迎。

data 交M1號線釜山站步行5分 住東區中央大路225 부산 동구 중앙대로 225 ☎(051)462-1575 營10～21時 休無

排隊 Info
午餐時段人潮擁擠，相對地夜晚人潮較少。冬季的顧客數也較少。

쌍둥이돼지국밥
雙胞胎豬肉湯飯

大淵洞
MAP 別冊 P2-B3

吸引全國饕客的傳說美味

豬骨提味而出的特殊湯頭，令人大快朵頤的豬肉湯飯是釜山的著名料理。可另外加入韭菜或蝦醬自行調味。化於口中的柔軟水肴（白切肉）也不容錯過。

↓將豬肉包入蔬菜內享用

這美食令人食指大動

data 交M2號線大淵站步行4分 住南區UN平和路35-1 부산 남구 유엔평화로 35-1 ☎(051)628-7020 營9～24時 休無

↓冷湯的平壤冷麵W10000

↑時常高朋滿座、熱鬧非凡的店內一景

排隊 Info
店內總是擁擠熱鬧，但翻桌率也高故即使排隊也只需約20分。可鎖定平日的15～16時前往。

↑白切肉套餐W8000

這美食令人食指大動

↓寬敞的店內皆為桌椅座位

↓辣拌冷麵的咸興冷麵 W10000

원산면옥
元山麵屋

南浦洞
MAP 別冊 P6-B4

60年不變的懷舊味道冷麵

被選為韓國100代食堂的老字號冷麵餐廳。提供辣味恰到好處的咸興冷麵，以及湯頭清淡的平壤冷麵，可品嘗到不同的滋味。自創業以來不變的好味道擁有眾多死忠顧客。

排隊 Info
多為熟客光顧的知名店家，夏季總是人潮擁擠，寒冷時節人潮則是相對較少。

data 交M1號線南浦站步行7分 住中區光復路56-8 부산 중구 광복로 56-8 ☎(051)245-2310 營11時～21時30分 休無

千載難逢何不恣意品嘗

此刻享受豪華的韓牛燒肉

與和牛相比滋味較清爽的韓牛（한우），擁有豐富的蛋白質、維他命和礦物質。
雖然價格稍嫌昂貴，但絕對有品質保證。
難得來到韓國何不一嘗究竟。

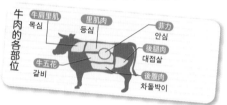

牛肉的各部位

- 牛肩里肌 목심
- 里肌肉 등심
- 菲力 안심
- 後腿肉 대접살
- 牛五花 갈비
- 後腹肉 차돌박이

한우 차돌박이
韓牛後腹肉
W33000（120g）
2人以上起餐

일품한우
一品韓牛
海雲臺 MAP P9-C4

一吃上癮的高級牛肉

店內僅使用肉質柔軟、口感清爽的韓國最高等級1++韓牛。其中最為推薦的就是脂肪豐富的차돌박이（後腹肉），脂肪的甜味絕佳。

data ⊗Ⓜ2號線海雲臺站步行5分
🏠海雲臺區海雲臺路570號街49
부산 해운대구 해운대로570번길 49
📞(051)747-9900 🕚11時30分～24時（週日～22時）
休無

➡不帶腥味且口感清爽而大受歡迎

👆稍加燒烤後便可入口

급행장
急行莊
西面 MAP P6-A1

➡新鮮的韓牛肉膾 W25000（150g）

韓國家喻戶曉的老字號燒肉店

開業超過60年的老字號餐廳。最受歡迎的醬醃牛小排以頂級醬油為基底，將肉的鮮美襯托而出。7～8種免費的小菜就連醃漬物和沙拉的醬料都是自家製作。

data ⊗Ⓜ1、2號線西面站即到
🏠釜山鎮區西面文化路4
부산 부산진구 서면문화로 4
📞(051)809-2100
🕚11～22時 休無

👆有桌椅座位和下嵌式座位2種

한우양념갈비
韓牛醬醃帶骨牛小排
W25000（100g）
若有點其他肉類
1人以上起餐

담

談

南浦洞
MAP 別冊 P5-C2

鮮嫩多汁的頂級牛里肌

僅使用新鮮的母牛肉，肉質柔
軟，咀嚼間肉汁滿溢於嘴中。鹽
是使用全羅南道新安的海蓬子
鹽，木炭則是採用忠清北道產。
食材來自韓國各地，追求頂級的美味。

data 交M1號線中央站步行2分
住中區中央大路41號街12　釜山市 中區 中央大路41가12번지
☎(051)241-6999
時11時30分～22時※15～16時為店休時間 休無

美食

此刻享受豪華的韓牛燒肉

↑ 有如簡單俐
落風格餐廳的
店內空間

← 油脂呈楓葉
狀的豪華韓牛

한우생등심
韓牛生里肌
W28000 (120g)
1人以上起餐

부산숯불갈비

釜山炭火燒肉

南浦洞
MAP 別冊 P4-A2

帶有炭火香氣的好吃燒肉

讓人吃到炭火香氣的鮮嫩多汁韓牛
生五花W24000（200g），價格實
惠。絕妙的調味秘訣為商業機密。
擁有3層樓的大型餐廳。

data 交M1號線札嘎其站步行10分
住中區中區路48號街9　中區 중구발 48번길9
☎(051)245-5534 時11時30分～23時
休無

↑餐廳擁有1～3層的寬敞空間

한우생갈비
韓牛生五花
W24000 (200g)
2人以上起餐

How to 燒肉

燒肉就該這麼吃

在韓國燒肉店將肉包入菜中，或
是沾味噌醬享用為韓式燒肉風
格。雖然菜單上標註的金額為1人
份，但大多店家要求最少必須點2
人份以上。

①點選肉品
肉品中有醃製過的
醬醃肉以及無醃製
過的生肉片！

②醬料為2～3種
依據店家不同，醬料有如鹽和味噌醬等多
種多樣。依個人喜好可搭配蘿蔔、洋蔥絲
和蔥一起享用。

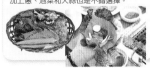

③用蔬菜包肉
用萵苣或白紫蘇葉包肉享用，或再依喜好
加上蔥、泡菜和大蒜也是不錯選擇。

便宜又好吃的韓國燒肉首選

品嘗道地的豬肉燒肉

比牛肉價格更加實惠，在韓國提到燒肉指的便是豬肉燒肉。
介紹在台灣也常吃的五花肉，甚至是
烤腸內臟，趁此機會吃遍豬肉燒肉吧！

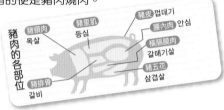

豬肉的各部位

- 豬頭肉 목살
- 豬里肌 등심
- 豬皮 껍데기
- 腰內肉 안심
- 橫膈膜肉 갈매기살
- 豬排骨 갈비
- 豬五花 삼겹살

오반장
伍班長

海雲臺
MAP 別冊 P9-C4

大啖柔軟的橫膈膜肉

生橫膈膜肉最受歡迎。肉質柔軟的秘訣
在於以獨特的刀法切割厚豬肉片。中間
放置肉片，周圍鋪上泡菜一起烤的特殊
鍋也是一大賣點。

data 交M2號線海雲臺站步行3分
住海雲臺區龜南路24號街20
부산 해운대구 구남로24번길 20 명
☎(051)747-8085 時11時～翌7時 休無

←精心燉煮的大
醬湯W5000適
合最後享用

生갈매기살
生橫膈膜肉
W9500
2人以上起餐

↑將肉包進烤過的泡
菜和萵苣也十分美味

↑鮮味強烈的豬肉為韓國國產

양념갈비
醬醃豬排肉
W7000(1人份)
2人以上起餐

↓由於味道特別濃厚，若有點選其他
肉品建議最後再吃這道

은하갈비
銀河排骨

草梁洞
MAP 別冊 P3-A3

懷舊味道的豬排骨肉

創業超過40年的老字號豬肉燒肉（菜
單上標記為醬醃豬排肉）專賣店。以
特製醬料宛如燉煮般燒烤而成的豬排
骨肉，包裹著甘甜的滋味十分美味。

data 交M1號線草梁站步行5分
住東區草梁中路86
부산 동구 초량중로 86
☎(051)467-4303
時11～23時
休第2個週二

→點白飯W1000的話會附贈
辣味噌湯

1974골목갈비집

1974胡同燒肉店

西面 MAP 別冊 P6-A2

輕鬆享用生五花肉

最受歡迎的肉品為生五花肉,切成薄片方便享用的豬肉片,沾上店家自製的烤鹽後品嘗。餐廳自製的小菜有著家庭料理的味道。餐廳位於樂天百貨後巷中,地點方便。

data 交M1、2號線西面站步行3分
住釜山鎮區伽倻大路784號街4
부산진구 가야대로784번길4
(051)803-3850
營11〜23時 休無

←1樓僅設有桌椅座位。2樓還有和式座位

↑手工製作的烤鹽凸顯出豬肉的甘甜

생삼겹살
生豬五花肉
W8000(130g)
2人以上起餐

↑除了燒肉外自製的小菜也是絕頂美味

동마루

Tongmaru

南浦洞 MAP 別冊 P6-B4

醃漬2日熟成的柔軟豬肉

將母豬豬肉醃泡於葡萄酒內48小時熟成的葡萄酒五花肉最受歡迎。將豬肉醃漬於葡萄酒內使其鮮嫩多汁,令人一吃便上癮。

↓葡萄酒和香草的香氣帶出豬肉的鮮美

data 交M1號線南浦站步行3分
住中區光復洞2街6-5
ABC MART 5F 부산시 중구
광복동2가 6-5 ABC마트5층
(051)245-0600
營11時30分〜翌1時 休無

↑在時尚的店內空間享用極品燒五花肉

와인삼겹살
葡萄酒五花肉
W10000(150g)
2人以上起餐

↑去除多餘的油脂,烤得外脆內多汁

這裡也要Check

多走段路
前往烤腸一條街

由於約60年前此處鄰近家畜市場,所以自然而然開始聚集店家,目前約有20間店家匯集於門峴烤腸一條街。不定期會舉辦烤腸慶典。

→浸泡於水內約12小時除去肉的腥臭味

원조 문현 할매곱창

元祖門峴
奶奶烤腸

門峴 MAP 別冊 P2-B3

一次吃盡所有烤腸內臟
除了小腸外,還有以自製藥念醬將心臟、胃和大腸等部位快炒而成的烤腸內臟W7000(2人以上起餐),最適合當作下酒菜。

data
交M2號線門峴站步行5分
住南區지게路8 남구 지게골8
(051)646-0726
營12時〜翌2時
休第4個週日

詳盡介紹釜山必吃的珍饈美食

必吃

海鮮佳餚10

以擁有韓國最大漁獲量港口為傲的釜山為
新鮮海鮮的寶庫。除了豐富海鮮的火鍋外，
還有可吃到食材原味的生魚片等，
請盡情享受來自大海的珍味吧。

↓放入大量海鮮的海
鮮鍋W35000（3～4
人份）

鱈魚湯
대구탕

湯內放入大量的鱈
魚塊，滿是魚鮮味
的湯頭據說能緩解
宿醉。**B**

↓具有豐富蛋白
質和礦物質的鱈
魚湯W10000

海鮮鍋
해물탕

以辣椒醬為基底的湯
頭，放入花枝、章魚
和螃蟹等海鮮燉煮的
辛辣火鍋。**A**

辣度

↓可稱為釜山代表性料理的辣燉鮟鱇魚
W15000（1人份）

炒盲鰻
꼼장어

將棲息於海底泥地中
的盲鰻快炒而成的料
理。辣椒醬降低了腥
味，方便品嘗。**C**

辣度

辣燉鮟鱇魚
아구찜

將切成厚片的鮟鱇
魚和豆芽菜、長蔥
等蔬菜以辣味湯頭
燉煮而成。**C**

辣度

→嚴泰雄和全道
嬿等超過100位
的明星曾到訪

→炒盲鰻W30000
（2～3人份）有
著Q彈的口感

在這裡吃得到！

A 해동해물탕

海東海鮮鍋

別冊
MAP 西面
P6-A1

海鮮的鮮味凝聚於一鍋
以大量使用從札嘎其市場進貨的
蝦、花枝和紅章魚等海鮮的海鮮
鍋為傲的餐廳。鄰近
於樂天飯店所以不
必擔心會迷路。

data
交M1、2號線西面站步行5分
住釜山鎮區釜田路65
부산 부산진구 부전로65번길
☎(051)819-8389 時7～24時 休無

B 속씨원한 대구탕

舒爽身心鱈魚湯

別冊
MAP 海雲臺
P9-D4

清爽辛辣的鱈魚湯
大塊鱈魚Q彈可口，清爽口味的
湯頭溫暖身心。李炳憲和金賢
重等明星也曾到訪
的名餐廳。

data
交M2號線海雲臺站步行6分
住海雲臺區迎月路62號街28
부산 해운대구 달맞이길62번가길28
☎(051)744-0238 時24小時 休無

C 산청 산꼼장어

山川活盲鰻

別冊
MAP 南浦洞
P4-B4

辛辣調味的盲鰻
顧客點餐後才當場宰殺悠遊於
水槽中的盲鰻，十分新鮮。富
有嚼勁的微辣烤盲
鰻最適合作為下酒
菜！

data
交M1號線南浦站步行5分
住中區札嘎其海岸路61
중구 자갈치해안길 61
☎(051)245-3480 時10～24時 休無

辣炒章魚
낙지볶음

辣度 ◯◯◯

將紅章魚以蔥之類的蔬菜一起用辣椒和辣椒醬熱炒的辛辣料理。**E**

↑和首爾有所不同，釜山的特色為會再加入煮汁進行燉煮

← 釜山的生魚片非常重視新鮮度。分量充足能夠令人相當滿足

生魚片
회

韓國生魚片多為白肉魚。沾辣椒醬再包進白紫蘇葉中為韓國式的吃法。**D**

← 附贈約20種小菜的生魚片全餐料理W30000～

↙加入牛骨高湯的辣炒章魚W8000（2人以上起餐）

↙蒸煮螃蟹（小）W35000～。數量依螃蟹大小而不同

蒸煮螃蟹
게조림

將洋蔥和白紫蘇葉等蔬菜和螃蟹一同蒸煮的料理。微辣的味噌風味。**H**

辣度 ◯◯◯

↓味噌湯底的螃蟹湯W11000，1人以上起餐

河豚火鍋
복지리

引出河豚的鮮味，完成頂級的滋味。加入辣椒變成매운탕（辣火鍋）也是好吃。**F**

→白鯖河豚的河豚火鍋W10000

這裡也有海鮮

海鮮煎餅
전

有如韓式的蔥油餅，在韓文中一般被稱作「전」。W10000 **I**

冷麵
냉면

放上魟魚或比目魚等生魚片的冷麵最為常見。拌入辣椒醬後享用。W5000 **J**

美食

必吃海鮮佳餚10

D 길수횟집

길수生魚片店
<廣安里>
MAP 別冊 P8-B2

新鮮海鮮齊聚一堂
可從店內清楚眺望到廣安大橋的景觀生魚片店。最少需點2人份的全餐料理是使用新鮮海鮮的人氣餐點。

data
🚇M2號線廣安站車程5分 🏠水營區廣安海邊路344號街17-5 수영구 광안해변로 344번가길17-5 📞(051)753-5369 🕐11～24時 🈚無

E 원조조방낙지

元祖祖方章魚
<東萊>
MAP 別冊 P7-B4

辛辣但讓人上癮的滋味
以牛骨高湯燉煮的釜山味道。柔軟口感的紅章魚和後勁強的辣味絕配，只有在創業50年的老店才品嘗得到。

data
🚇M1號線東萊站步行8分 🏠東萊區明倫路94號街37 부산 동래구 명륜로94번길37 📞(051)555-7763 🕐11～21時 🈴第2・4・5個週日

F 錦繡河豚… P69
G 鮟鱇食堂… P80
H 老龜浦之家… P79
I 鍾路綠豆煎餅… P77
J 奶奶家… P26

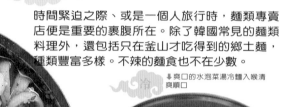

一吃上癮麵類大集合

便宜♪ 好吃 快速♥ 單獨前往也OK

時間緊迫之際、或是一個人旅行時，麵類專賣店便是重要的裹腹所在。除了韓國常見的麵類料理外，還包括只在釜山才吃得到的鄉土麵，種類豐富多樣。不辣的麵食也不在少數。

⬇爽口的水泡菜湯冷麵入喉清爽順口

冷 **冷麵** w8000
냉면
據說發祥於相當於現今的北韓。特色為使用蕎麥和太白粉製成的麵條以及冷湯。**B**

熱
⬅沙丁魚甘甜湯頭和Q彈的麵條大受歡迎

刀削麵 w4000
칼국수
使用麵粉製成的粗麵條，類似烏龍麵。有海鮮或肉類等豐富多元的湯底。**A**

冷
➡富彈性的麵條和辣味噌醬可調絕配。也放上大量蔬菜

刀削拌麵 w4000
비빔 칼국수
在一般刀削麵中加入辣香辛醬調味而成。也有無湯只拌醬料的種類。**A**

辣度

在這裡吃得到！

A 기장손칼국수

機張刀削麵
西面 MAP 別冊 P6-A2

令人心安的樸素滋味
位於西面市場內的刀削麵專賣店。於店內手打的麵條柔軟富彈性，和沙丁魚湯頭相當匹配。

data
🚇Ⓜ1、2號線西面站步行5分
🏠釜山鎮區西面路56 부산진구 서면로56
📞(051)806-6832
🕐9時～21時30分 🈳無

B 함경면옥

咸鏡麵屋
西面 MAP 別冊 P6-A1

用酸度提味的清爽口味
能享用到水冷麵和冷拌麵。可自行加入白醋或黃芥末調成喜愛的味道。用餐前須先結帳。

data
🚇Ⓜ1、2號線西面站步行5分
🏠釜山鎮區釜田路66號街32
부산진구 부전로66번길32
📞(051)891-3000 🕐11～22時 🈳無

C 할매집

奶奶家
南浦洞 MAP 別冊 P6-B4

可品嘗到老字號的味道
小魚乾湯頭和柔軟的細麵條，味道樸實卻令人想一吃再吃。可自行加入辣椒醬調整辣度。

data
🚇Ⓜ1號線南浦站步行5分
🏠中區南浦路25-3 중구 남포로25-3
📞(051)246-4741 🕐10～22時 🈳無

小麥冷麵 w5000
밀면

糧食不足時代以麵粉製麵為契機而開始的平民美食。釜山鄉土料理之一。**D**

➡放入冰塊的湯頭爽口，和簡單的配料也很相配

水湯麵 w3500
물국수

清淡的高湯中放入細麵，再加上配料的簡單麵食。**C**

熱

↑小魚乾的簡樸湯頭和柔軟的麵條簡直絕配

⬇甜辣味的辣拌麵和附送的牛骨湯非常相配

辣拌麵 w5000
비빔면

雖然看起來紅通通辣得難以入口，但實際上卻是適中的甜辣味。請將麵和醬料攪拌均勻後再享用。**D** 辣度 ◕◕◔

D 할매가야밀면

奶奶伽倻 小麥冷麵
南浦洞 MAP 別冊 P6-B4

釜山名產小麥冷麵的名餐廳
Q彈的口感和日本的拉麵十分相似。附贈以韓方藥膳入味的牛骨湯也是一絕。加W1500可再另外加盤。

data
🚇 1號線南浦站步行5分
🏠 中區光復路56-14　중구 광복로56-14
📞 (051)246-3314
🕐 10時10分〜21時30分 休無

E 공시향

共享
廣安里 MAP 別冊 P8-A3

廣安里海灘的中華餐廳
能品嘗到道地中菜。使用嚴選食材做成的餐點極具高級感。可邊欣賞廣安里的風景邊放鬆享用餐點。

data
🚇 2號線金蓮山站步行10分
🏠 水營區廣安海邊路131
　　수영구 광안해변로131
📞 (051)621-5600 🕐 11時30分〜21時30分(15〜17時為店休時間) 休無

熱

➡雖說是平民美食，但手打的柔軟麵條讓人吃出高級感

炸醬麵 w5000
자장면

韓國風味的炸醬麵。香味撲鼻的濃稠黑味噌醬和麵條為最佳拍檔。**E**

水嫩 晶透 美麗從內到外
一嘗養顏美食化身尤物

韓國美女的美麗秘訣來自於「飲食」可說是半句不假。韓國菜中有益健康的食物多如繁星。在此介紹美味兼具美顏，一石二鳥功效的絕頂美食。

본전돼지국밥
本田豬肉湯飯

釜山站
MAP 別冊 P3-A3

➡白切肉套餐 W9000

肉的柔軟度可謂絕佳

使用1日熟成，濃縮鮮美滋味的豬肉。24小時燉煮的高湯有著深厚的味道，清爽湯頭讓不敢喝豬骨湯的人也能喝光見底。

data 🚇1號線釜山站步行4分
🏠東區中央大路214號街3-8
부산 동구 중앙대로214번길 3-8
📞(051)441-29
46 🕐8時～21時
30分 🈳無
很受當地居民和觀光客的歡迎

豬肉湯飯
含有豐富維他命B的豬肉有助於肌膚再生。維他命B為水溶性，所以湯也不能錯過。
晶透水亮度 …★

⬆白飯&豬骨湯套餐W7000。可加入蝦醬自行調味

⬇牛腸火鍋W30000（2～3人份）

⬅融化的油脂讓人食指大動

부평양곱창
富平烤牛腸

南浦洞
MAP 別冊 P4-A3

美味牛腸填飽肚腩

曾受媒體報導的著名餐廳。將大量牛腸和蔬菜一同燉煮的辣味火鍋，以及鹽烤牛腸最受歡迎。大分量但合理的價格也是魅力所在。

data 🚇1號線札嘎其站步行5分
🏠中區富平2街17
부산 중구 부평2길 17
📞(051)245-2485
🕐13時～翌4時 🈳無

➡週末夜時常高朋滿座

最後以炒飯結尾

下水
吃下富含膠原蛋白的下水，讓皮膚嫩Q彈！
晶透水亮度 …★★

➡可加點白飯W2000做成炒飯

↓冷盤豬腳W30000（2人份）

한양족발
漢陽豬腳
南浦洞
MAP 別冊 P4-A3

有如吃沙拉般的豬腳

只販售冷盤豬腳和豬腳2種餐點。和台灣料理方法有所不同，韓國的豬腳以韓方燉煮，釜山的吃法為搭配生菜像沙拉般享用。帶酸味有著清爽的餘韻。

data 交M1號線札嘎其站步行4分
住中區中區路23號街13　중구 중구로23번길13
☎(051)246-3039 營10時30分～24時30分
休無

包在蔬菜裡吃

←和小黃瓜與海蜇皮一同享用

豬腳
豬腳所擁有的豐富膠原蛋白，為構成皮膚基礎真皮的重要成分。
晶透水亮度 …★★★

↓放入許多蒜頭的蔘雞湯W13000

개성삼계탕
開城蔘雞湯
西面
MAP 別冊 P6-A1

滿滿養顏高湯的蔘雞湯

完全不使用化學調味料的開城蔘雞湯，湯內大量蒜頭是美味的秘訣。喝下套餐附贈的店家自製人蔘酒，能讓全身充滿暖意。最適合寒冷的日子前來品嘗。

data 交M1、2號線西面站步行3分
住釜山鎮區西面文化路11
부산진구 서면문화로11
☎(051)808-6775
營11時～21時30分 休無

食堂的氣氛

擁有往日懷舊

↑點蔘雞湯還附贈人蔘酒！

鍋的內容物在此

↑人蔘、蒜頭和糯米等

蔘雞湯
除了富含蛋白質的雞肉外，還加入紅棗和人蔘等，營養價值極高。
晶透水亮度 …★★

牛尾湯
擁有豐富的蛋白質、脂質、維他命和鐵質等，不僅能美膚，還能加強免疫力的營養美食。
晶透水亮度 …★

↑牛尾湯W8000也可加入白飯享用

천안곰탕
天安牛尾湯
南浦洞
MAP 別冊 P5-C3

整碗牛高湯的健康湯品

創業超過60年的老字號餐廳。花費4小時用牛骨和內臟燉煮的高湯別有滋味且有益健康。由於幾乎沒有加以調味，可自行加入鹽或泡菜。

data
交M1號線南浦站步行3分
住中區光復路97號岸街6-5
중구 광복로97번가길6-5
☎(051)245-5695
營8～21時 休不定期

挑戰攤販美食

前往美食一條街和市場

在觀光和購物之際，倘若稍感飢餓，最適合來到攤販覓食。
販售相同餐點的專門攤販匯集的巷弄內，
由於各店鋪競爭激烈，所以味道品質更是上上之選。

1.盡是紅豆剉冰的攤販　**2.**在生魚片街可見悠遊於水槽的魚　**3.**韓式拔絲地瓜고구마맛탕　**4.**能見到料理過程是攤販的精華所在　**5.**和店家的交流也饒富趣味

紫菜飯卷 김밥
包着蔬菜、蛋、醃蘿蔔和鮪魚等的韓式海苔卷。

血腸 순대
將糯米和冬粉填充入豬腸中製成，沾上鹽後享用。

關東煮 오뎅
在韓國關東煮指的是魚漿製品。是攤販的常見美食。

辣炒年糕 떡볶이
將韓國年糕以甜辣的辣椒醬燉煮而成的常見美食。

煎餅 전
加入蔥和海鮮的海鮮煎餅最為一般。

紅豆剉冰 팥빙수
韓式剉冰，配料加上紅豆、水果和煉乳，僅限3～11月販賣。

紅豆粥 단팥죽
將紅豆和白米一同煨煮而成的粥，特徵為不含甜味。

綠豆煎餅 빈대떡
將用石磨碎的綠豆和豬肉、白菜及蔥一起煎成的煎餅。

雜菜 잡채
將韓國冬粉、紅蘿蔔、蘑菇和牛肉等一同熱炒的家庭料理。

油豆腐鍋包 유부전골
將肉和冬粉放入油豆腐中的湯品。味道柔和好入口。

辣拌冬粉 비빔당면
將醃蘿蔔和海苔加入冬粉，再用辣椒醬攪拌而成。

生魚片 회
韓國生魚片幾乎為白肉魚。沾上辣椒醬後享用。

在這裡吃得到

富平市場 부평시장　南浦洞　MAP 別冊P4-A2

人潮水洩不通的平民市場

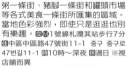

粥一條街、豬腳一條街和罐頭市場等各式美食一條街所匯集的區域。當地色彩強烈，即使只是逛逛也別有樂趣。❷M1號線札嘎其站步行7分 ❹中區中區路47號街11-1 中구 중구로47번길11-1 ❸10時～深夜 ❺週日 ※視店鋪而異

西面攤販街 서면포장마차거리　西面　MAP 別冊P6-A1

融入當地居民於攤販小酌！

夜幕低垂，樂天百貨後巷的攤販便魚貫現身。除了地點方便外，乾淨簡樸的環境也很適合觀光客利用。❷M1、2號線西面站步行2分 ❹樂天百貨釜山本店後巷 롯데백화점 부산본점 후에 香은 길 ❼無 ❸18時～翌5時 ❺第二、最後一週的週一

這裡也要Check

生魚片街 회거리　海雲臺　MAP 別冊P9-D4

令人心安的簡單味道

生魚片專賣店在海雲臺海灘東側一字排開。

奶奶生魚片店 할매횟집
1969年創業傳承3代的老字號生魚片店。除了生魚片外，超過10種的小菜也非常美味。❷M2號線海雲臺站車程5分 ❹海雲臺區迎月路62號街28 해운대구 달맞이길62번길28 ❼(051)746-1018 ❸24小時 ❺無

How to Order@攤販

1.決定店家
在道路兩旁的眾多攤販選擇一間。以店家氣氛及販賣餐點來決定。

2.用手指也OK!
指著想吃的東西說「I-go Ju-se-yo（請給我這個）」就沒問題。

3.結帳
大多為餐後結帳，有時須向店家說明吃了什麼。吃不完的餐點也可打包。

注意事項!
●出乎意料地貴!
雖然攤販給人便宜的印象，但有時價格和一般的店家並無兩樣。

●以現金支付
請注意不可使用信用卡付款。部分店家不喜歡收高額紙幣。

column

24小時營業令人歡欣♡

美味的連鎖餐廳

旅程中韓國當地的連鎖餐廳十分方便,讓人能放心前往。除了能輕易品嘗到韓國美食外,點餐方式也簡單。若是24小時營業的店鋪,無論是深夜或清晨皆能方便入店,十分貼心!

連鎖餐廳的
過人優勢 **3個**
① 有中文的菜單
② 從車站方便前往
③ 價格經濟優惠

美食

挑戰攤販美食 ● 美味的連鎖餐廳

紫菜飯卷 W1500～
鮪魚紫菜飯卷W2500很受歡迎

推薦熱門餐點
① 牛肉紫菜飯卷 W2500
② 蒸餃麵 W3500
③ 泡菜炒飯 W5000

김밥천국
紫菜飯卷天國

東梁
MAP 別冊 P3-A3

稍感餓意時可方便前往

可吃到紫菜飯卷、麵食和辣炒年糕等料理的輕食餐廳。紫菜飯卷內餡除了傳統配料外,還有起司或韮匯蔬菜等種類豐富。餐點也可選擇外帶。

🚇 M1號線釜山站步行1分
📍東區中央大路203 東區 중앙대로203
📞(051)468-8255 🕐24小時 🚫無

女性單身顧客也可輕鬆入店

이바돔
Ebadom

南浦洞
MAP 別冊 P6-B4

熱騰騰的馬鈴薯令人讚不絕口

販售燉煮帶骨豬肉和馬鈴薯的鍋 감자탕的連鎖餐廳。雖然使用國產食材但價格不貴。平日販售的商業午餐也價格便宜,極受歡迎。🚇 M1號線南浦站步行3分 📍中區九德路34번길5 中區 구덕로34번길5 📞(051)231-3020 🕐24小時 🚫無

推薦熱門餐點
① 名品馬鈴薯豬骨湯 W24000 (小)
② 燉排骨 W23000 (2人份)
③ 解酒湯 W6500

設有和式座位很適合闔家前往

馬鈴薯豬骨湯 W17000 (2人份)
辛辣的湯頭令人一口接一口

豆腐鍋 W6000 (1人份)
放入大量的海鮮和牛肉

休閒風的裝潢吸引眾多女性顧客

맛있는 순두부
美味豆腐鍋

南浦洞
MAP 別冊 P6-A4

平民價格品嘗種類豐富的豆腐鍋

販售美味隱藏於辣味中的豆腐鍋連鎖餐廳。豆腐鍋可僅點1人份,將飯碗中放入湯和海苔,完整攪拌後享用。
🚇 M1號線札嘎其站步行3分
📍中區南浦街5-1 中區 남포길5-1
📞(051)242-6879
🕐10時～21時30分 🚫無

推薦熱門餐點
① 豆腐鍋 W6000
② 海鮮豆腐鍋 W6000
③ 起司煎蛋卷 W4000

這些也要Check

方便的美食廣場
購物途中想要快速解決用餐時,位於百貨公司中的美食街可縮短移動或決定店家的時間,難能可貴。

1.選擇餐點
利用收銀台附近的菜單選擇想吃的餐點。菜單上有圖片和中文所以令人安心。

2.點餐
店家多但點餐需要到位於正中央的收銀台。點餐後會拿到取餐呼叫器。

3.取餐
餐點料理完畢後取餐呼叫器會鈴響大作,此時可到店家領取餐點。

031

釜山急速增加！男男女女都嚮往
時尚咖啡廳情報資訊

和首爾相同，釜山的時尚咖啡廳也持續開張展店中。
除了品嘗甜點外，還可在注重器皿品質和裝潢格調的舒適空間內，
悠閒放鬆度過咖啡時光。

➡️另設有戶外露臺座位，可享受到寬敞開放的景色

剛出爐的麵包

A 베이크하우스
Bakehouse

海雲臺 MAP 別冊 P2-B3

邊看海邊享用剛出爐新鮮麵包

使用天然酵母、日曬鹽和法國產麵粉，僅提供當日出爐麵包的麵包店咖啡廳。11～16時會提供早午餐。位於迎月嶺之上，可將海景一覽無遺為最大魅力。

data 🚇2號線海雲臺站車程10分 🏠海雲臺區迎月路117號街120-38 4F 해운대구 달맛이길 117번길120-38 4F ☎(051)744-5582 🕐11～20時 休無

➡️想令人多待會兒的店內桌
椅座位

➡️酸味滋潤了疲憊的身心。檸檬汁W7500

⬆️番茄橄欖佛卡夏麵包
（前方）最受歡迎W3800

個性派蛋糕

B 몰레
Molle

西面 MAP 別冊 P6-B2

高品味的甜點咖啡廳

可品嘗到現做手工蛋糕的甜點咖啡廳。除了有受歡迎的彩虹蛋糕W8000外，使用當季食材的季節餐點也不少。高品味的室內裝潢也是受到釜山女性愛戴的原因之一。

data 🚇1、2號線西面站步行10分 🏠釜山鎮區中央大路68號街38 부산진구 중앙대로68번길38 ☎(051)807-2272 🕐13～23時 休無

⬆️冰滴咖啡「Eight Hour」
W5000、紅蘿蔔蛋糕
W8000

➡️色彩繽紛分量充足的彩虹蛋糕

糯米甜點

B 어흥
老虎咖啡廳
`西面` `MAP 別冊 P6-B2`

創新的美味糯米甜點

宗旨為「創造年輕人也喜愛的吗（糯米）甜點」，兄弟姊妹同心合力經營的咖啡廳。使用有益健康食材的餐點，讓人能感受到自然的甘甜。

`data` 🚇M2號線田浦站步行5分 🏠釜山鎮區田浦大道209號街39-9 부산진구 전포대로209번길39-9 📞(051)816-5950 🕐12～22時(週日～21時) 🈚無

⬆糯米蛋糕的麻糬巧克力派W3200

⬅室內裝潢為溫暖窩心的風格

⬇店長朱貞敏小姐

⬆以糯米製成的鬆餅W2500

鬆餅

D 이솝페이블
Aesop's Fables
`釜山大學` `MAP 別冊 P7-B1`

在休閒咖啡廳放鬆歇息

鄰近釜山大學的自然風咖啡廳。使用大量水果和冰淇淋的大分量鬆餅為招牌餐點。木頭風格的居家氣氛讓人能好好地放鬆休息。

`data` 🚇M1號線釜山大學站步行3分 🏠金井區金井路60號街16 부산 금정구 금정로60번길 16 📞(051)517-7673 🕐10時～22時30分 🈚無

⬇大分量的鬆餅W12900、咖啡W4500

⬅夏季時推薦使用咖啡廳特設的戶外座位

蛋糕

C 쁘띠 가토
LA PETIE GATEAU
`南浦洞` `MAP 別冊 P6-B4`

輕鬆享用到正宗甜點

粉嫩色的牆壁搭配上白色系的家具，營造出女性的氛圍。除了堅持食材品質的正宗甜點外，水果茶等飲品的種類也豐富多樣。最受歡迎的是點餐後現做的翻轉蘋果塔W7500。

`data` 🚇M1號線南浦站步行5分 🏠中區光復路73-1 중구 광복로73-1 📞(051)231-5446 🕐12～23時(甜點點餐～22時) 🈚無

⬇巧克力濃厚的熔岩巧克力蛋糕W5500、焦糖瑪奇朵W5500

⬆乾淨簡潔的室內裝潢是以法國為設計理念

席地而坐咖啡廳

E 프레이 그라운드
play ground
`西面` `MAP 別冊 P6-A2`

脫下鞋子徹底放鬆

伸直雙腿或橫躺其間，讓人宛如置身於私人空間的和式座位，有如拜訪朋友家的感覺而受到在地女性顧客的愛戴。餐點幾乎為飲品，採取半自助式。

`data` 🚇M1、2號線西面站步行10分 🏠南區龍沼路34 2F 부산 남구 용소로 34 2F 📞(010)9334-8203 🕐12～23時 🈚無

⬇大量生奶油的蜂蜜奶油吐司W6000

⬅在手工製作的小起居室裡放鬆歇息。各類飲品W3500～

column

甜點用另個胃裝 ♥ 甜蜜～蜜誘惑

韓式甜點齊聚一堂

流行趨勢的韓國甜點不僅美味，外觀也相當可愛迷人！
在此介紹熱門款蛋糕、蔚為話題的新糕點等女性必吃的甜食。

彩虹蛋糕
W8000
不輸給外觀的絢爛華麗，口感更是紮實美味
B

韓國的熱銷甜品！

紅豆剉冰
W2500
大塊冰粒的剉冰淋上牛奶、大量紅豆和抹茶的冰品
A

恰到好處的抹茶苦味可謂畫龍點睛

黃豆粉麻糬吐司
W4500
인절미（黃豆粉麻糬）夾進吐司中的特殊甜品
E

布朗尼巧克力鬆餅
W12900
冰淇淋與鮮奶油、和不大甜的鬆餅相得益彰
C

少量的牛奶決定了味道

老虎剉冰
W5500
紅豆、黃豆粉和麻糬綜合的懷念味道紅豆剉冰
D

韓文中的紅豆叫作「팥」

老虎紅豆風度鍋 W7500
將麻糬沾上紅豆醬享用的韓洋混合甜品
D

攤販甜點也要CHECK！
大排長龍的攤販甜點是韓國名產。拿著剛出爐熱呼呼的甜點邊走邊吃吧。

鯽魚燒
被稱為鯽魚燒的韓國版鯛魚燒。在用麵粉、糖和蛋攪拌製成的外皮中放入紅豆餡的甜點。比鯛魚燒還小，可輕鬆享用而廣受歡迎。

韓式糖餅
在揉好的麵糰中加入內餡後煎製而成，韓國攤販甜點的代表之一。內餡有黑糖或雜果等，也有撒上堅果的糖餅，種類豐富。

在這裡吃得到

A 寶城綠茶… P81
B Molle… P32
C Aesop's Fables… P33
D 老虎咖啡廳… P33
E SULBING… P80

美麗從裡到外

品茗韓國傳統茶飲

使用水果或樹果等各式各樣食材的韓國傳統茶飲，
對於美容和健康極具效果。
啜飲適合體質的韓國茶飲，讓身心都精神抖擻吧。

傳統茶飲小辭典

在此介紹薑茶或柚子茶等，使用非茶葉的水果或韓方藥材的韓國傳統茶飲，另外還一併介紹搭配茶飲享用的茶點。

五味子茶 |오미자차

用兼具酸甜苦辣鹹5種味道的五味子果實熬成的茶。擁有放鬆和美肌效果。

花梨茶 |모과차

在韓國自古便為人熟悉的水果味茶飲。能緩和喉嚨發炎與保護支氣管。還具有美肌效果。

生薑茶 |생강차

以蜂蜜清生薑為基底。香氣撲鼻的爽口滋味，讓身體暖和起來。對於促進消化與預防感冒有一定效果。

紅棗茶 |대추차

燉煮紅棗，再加入蜂蜜提出甜味的茶飲。對於貧血、食慾不振和改善便秘具有效果。據說也能減緩失眠症狀。

柚子茶 |유자차

切碎柚子和柚子皮，再加以糖和蜂蜜醃製而成。加入熱水後飲用。豐富的維他命C可預防感冒和改善咳嗽。

桑葉茶 |뽕잎차

類似抹茶的味道，十分好入口的茶飲。豐富的食物纖維能改善便秘。也可預防糖尿病、高血壓等成人病。

梅茶 |매실차

酸甜滋味、香味撲鼻的梅子茶。具有殺菌效果，能夠預防食物中毒。豐富的維他命能消除疲勞和促進消化。

雙和茶 |쌍화차

由10種韓方燉煮而成的藥膳茶。健康效果極高，茶中的成分能緩和疲勞和壓力。

茶點

油菓 |유과

將蒸過的糯米油炸後用蜂蜜和麥芽包裹的點心。除了搭配茶飲外，也會在傳統儀式上享用。

茶食 |다식

將稻米粉、黃豆粉和松花粉用蜂蜜揉合後，用模具定型製成。有點類似台灣的綠豆糕。色彩鮮豔外觀優美。

차마당/ 茶之庭

西面 別冊 MAP P6-A1

品嘗正宗的傳統茶飲

學習茶道的店長所創立的傳統茶店。最受歡迎的茶飲為紅棗茶、五味子茶和以9種藥材熬煮而成的雙和茶W5000。可悠閒放鬆的沉穩氛圍乃魅力所在。

data 交 M1、2號線西面站步行3分 住 釜山鎮區西面文化路20 부산진구 서면문화로20 電 (051)808-2865 時 10～22時 休 第4個週日

←點茶飲會另外附贈點心

↑清爽的酸味令人心曠神怡，冰梅茶W5000

↑沉穩氛圍的店內裝潢

다전 茶田

西面 別冊 MAP P6-A2

品嘗手工製作的傳統茶

可悠閒品嘗傳統茶飲的咖啡廳。維他命C豐富的柚子茶W5000和南瓜拿鐵W5000等，充滿特色的茶飲十分受歡迎。摩登的店內空間也令人喜愛。

data 交 M1、2號線西面站步行10分 住 釜山鎮區光復路85號街5-7-4F 부산진구 광복로85번길5-7 4F 電 (051)808-6363 時 12～22時 休 週日

↑採光充足，可在此悠閒放鬆休息 ←注入熱水花瓣綻放的茉莉花工藝茶W5000

→傳統茶飲全為手工製作且可外帶

歡愉享樂到最後一刻♪

最潮最新的夜間娛樂據點

在當地年輕人聚集的俱樂部和酒吧感受熱鬧非凡的釜山之夜！
若想體驗道地韓國色彩，則建議前往韓式居酒屋，夾在當地居民間歡鬧吧。

酒吧
SPOT 1　釜山之旅的回憶就留給絢麗夜景的酒吧

퍼지네이블

Fuzzy Navel
【廣安里】
MAP 別冊 P8-A2

隔著吧台欣賞廣安里的夜景

從店內中央的吧台可眺望到夜間點燈的廣安大橋的最佳欣賞地點。溫暖季節推薦可坐在戶外座位。店內提供豐富的墨西哥菜，可在這裡享用晚餐。

data 図◎2號線廣安里站步行15分
住水營區廣安海邊路249　수영구 광안해변로249 ☎(051)754-6349
營14時～翌6時（週日11時～）休無

↓浮士德調酒W9000（前方）、Fuzzy Navel調酒W8000

邊欣賞夜景邊享受微醺滋味♪

↑隔著吧台所見的廣安大橋美得令人驚艷！
←經驗老到調酒師的調酒滋味一絕

俱樂部
SPOT 2　人聲鼎沸的週末俱樂部 NEW OPEN的最潮夜店

클럽픽스

CLUB FIX
【西面】
MAP 別冊 P6-B2

釜山引領風騷的大型夜店

邀請引領韓國夜店風潮的DJ和VJ，每個週末都會企劃特色活動，儼然是目前釜山最潮的俱樂部。特別是聖誕節等的季節節慶將氣氛炒得最熱！

data
図◎1、2號線西面站步行5分
住釜山鎮區西田路10號街61
부산 부산진구 서전로10번길 61
☎1544-8030 營22時～翌5時（視活動而異）休無

在舞池隨著音浪盡情搖擺

↑起身前往週末活動感受熱鬧非凡的釜山！

韓式居酒屋
SPOT 3　能喝到韓國米酒的時尚店家

달한모금

Moon drop
【西面】
MAP 別冊 P6-B2

暢飲各地韓國米酒和水果米酒

最受歡迎的飲品為將草莓或藍莓等水果現場用果汁機打成的水果米酒。除了釜山的韓國米酒「生濁」W3000外，也販售韓國各地的韓式米酒。

data 図◎1、2號線西面站步行7分
住釜山鎮區中央大路702號街50
부산진구 중앙대로702번길50
☎(051)817-7188 營17時～翌2時 休無

↑草莓米酒W8000、海鮮煎餅W13000

購物

在釜山，低價化妝品店排排站的購物街隨處可見。
在此精選包括化妝品、流行服飾、
及食品伴手禮等各式各樣必買商品。

流行先端街道in南浦洞

在釜山最受歡迎的流行區域購物血拼

釜山最具代表性的購物商圈南浦洞，是能買到所有包含化妝品、
流行服飾等商品的熱門區域。其中也有多間時尚的咖啡廳。

↑設計簡單的
連身洋裝
W43000 A

↑韓國品牌
Chiquita的吊帶褲
W11萬2000 C

↓蕾絲材質的提袋
W24000 E

←左右非對
稱的裙子
W92000 R

↑涼爽配色的項鍊
W46000 B

↑搭配的重點，
花色襪子各雙
W6000 A

↑往國際市場

S —— N

光復路

Space M A

● KFC　　● DAISO

● 派出所

↓往釜山塔

Kisada shop E

↓店家原創的手工手環
各W20000 A

花紋襪子
是穿搭的
重點！

在這裡買得到

A 스페이스 엠
Space M
MAP 別冊 P4-B3

**以種類豐富多樣
的商品為傲**

店內販售從休閒到正式場合服飾等豐
富多樣的流行商品。其中不乏多種個
性配件，讓人能穿搭出屬於自己的風
格。

data Ⓜ1號線南浦站步行5分 世中區中
區路24號街22 中區 中區路24벙길22
☎(051)203-5165 營12～21時 休無

B 아이엠샵
I AM SHOP
MAP 別冊 P4-B2

**獲取韓國的
先端流行**

網路店鋪也很受歡迎的商店。因韓劇
《好運羅曼史》中主演的黃正音穿著
而受到矚目。店內也有大量波希米亞
風的服飾。

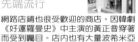

data Ⓜ1號線南浦站步行10分 世中區
光復中央路22-1 中區 광복중앙로22-1
☎(070)7647-6007
營10時30分～22時 休無

C 고사우스
go South
MAP 別冊 P4-B2

**同時進貨熱門的
韓國品牌**

除了街頭時尚外，店內也販售不分性
別的服飾配件。於Centum City的新
世界Mall設有分店，故能搶先進貨流
行先端的商品。

data Ⓜ1號線南浦站步行10分
世中區光復中央路24號街8-1 2F
中區 광복중앙로24번길8-1 2F
☎(051)244-4676 營12～21時 休無

038

➡日常生活也能使用的提袋W49000 **C**

⬇於夏季派上用場的草帽 W40000 **F**

➡民族風的束身連衣裙W36000 **E**

➡適合搭配素色上衣的裙子 W56000 **E**

受歡迎的海灘服裝配件也物美價廉

I LOVE FLAT **D**

●大覺寺

光復美化街 **C**

往go South

bow ch

B I AM SHOP

⬇讓美腳展露性格的船形鞋 W45000 **D**

⬆簡單設計的平底鞋W39000 **D**

⬆適合在海灘穿的連身洋裝 W55000 **F**

⬆少女風的連身洋裝 W98000 **F**

好走的平底鞋買幾雙都不夠！

購物

流行先端街道 in 南浦洞

D 아이러브플랫
I LOVE FLAT MAP 別冊 P4-B2

可愛迷人的低價鞋款

販賣平底鞋的熱門店鋪。很受到KARA和洪洙賢等明星的歡迎。所有的商品價格皆為W29000～W60000左右，經濟實惠。

data 図M1號線南浦站步行7分 住中區光復路49號街27 中區 광복로49번길27 ☎(051)231-7174 時11～22時 休無

E 키사다샵
Kisada shop MAP 別冊 P4-B2

回頭客眾多的人氣店家

在店鋪更迭快速的區域中營業超過8年的人氣店鋪。日本人熟客多，無論年輕族群或成熟女性皆能滿足。以合理價格提供豐富多樣的商品。

data 図M1號線南浦站步行7分 住中區光復中央路12-5 중구 광복중앙로12-5 ☎(051)244-9675 時11時30分～22時 休無

F 레인보우스티치
Rainbow Stitch MAP 別冊 P4-B2

在此添購最熱門的沙灘服裝

韓國罕見沙灘服飾&配件的專賣店。除了加入流行元素的泳裝外，帽子和涼鞋等流行的海邊時尚也一應俱全。

data 図M1號線南浦站步行8分 住中區光復中央路33號街15 중구 광복중앙로33번길15 ☎(051)242-8597 時12時30分～22時 休無

傳聞中的低價化妝品

到訪釜山必買的低價化妝品，
雖然價格低廉但品質優秀。
在人氣品牌雲集的「化妝品街」光復路上，
連同親朋好友的份大肆採購吧。

種類豐富的韓國代表性化妝品

面膜

↓添加珍珠成分和萃取自
蕃茄的茄紅素，讓肌膚晶
瑩剔透。水洗式面膜／
TOMATOX魔法蕃茄美白
按摩面膜W9800…**E**

↑使用礦物質豐富的真正黑糖
來去除老化角質。從2004年發
售以來容量和價格皆保持不變
／黑糖面膜W7700…**G**

↑可變身為5種動物
角色的逗趣面膜。使
用玻尿酸和海洋膠原
蛋白的實用面膜／動
物角色面膜 老虎1張
W2500…**D**

←具有高水準的
遮瑕效果和
持續時間，輕
盈質感而受到
廣泛的歡迎。
添加天然的
保濕成分／M
SIGNATURE
REAL COM
PLETE BB霜
W23800…**A**

化妝兼具肌膚保養效果

BB霜

←除了有卓越的
遮瑕效果和明亮
度外，經實驗證
明能持續48小時
保濕力的熱議商
品／BCDation
all master
W18800…**E**

↑服貼感十足的面
膜含有滿滿的精華
液。保濕能力無與倫
比／COLLAGEN
moistfull面膜
W2000…**C**

↑添加海洋膠原蛋白和海洋深
層水／AQUA COLLAGEN
SOLUTION MARINE
HYDRO GEL面膜W4500…**B**

↑於熱門美妝節目中遮瑕效
果和上妝舒適度受到極度讚
揚，品牌人氣No.1的商品／
Power Perfection BB霜
W30000…**D**

便宜但高機能！
送禮自用兩相宜
化妝用品

➡描繪下眼線讓眼睛顯得楚楚動人。優質珍珠成分不易掉妝／Tear Drop Liner W6000… **C**

↑附有3種眉粉盤，不擅長畫眉毛的人也能輕鬆駕馭／Easy Drawing Cake Eyebrow W13800… **A**

➡顆粒細小，讓肌膚有如絲綢般細膩。提供配合膚色的9種顏色。／SINGLE BLUSH W5000… **D**

↖添加茄子萃取物保護敏感的眼周。深色系色調呈現艷麗的眼線／Eggplant Pen Eye Liner W8900… **G**

保護肌膚和頭髮的豐富商品
護膚&護髮商品

➡除了顏色和觸感，就連引人食慾的香味也和真的香蕉一模一樣。同時有面膜和護唇膏等系列產品／香蕉護手霜 W5900… **E**

↖可使用於身體、臉部和頭髮等的萬能凝膠／Soothing & Moisture Aloe Vera 92% Soothing Gel W4400… **B**

⬇宛如讓腳脫皮般角質大量剝落的足部去角質劑／SHINY FOOT super peeling liquid W8800… **E**

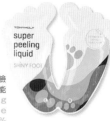

在低價化妝品店買齊日常保養用品
美容液

➡使用乳酸菌發酵成分防護外部傷害／逆轉時光極效夜間活膚安瓶 W37800… **A**

↖將化妝水和美容液的機能融於一瓶／The Therapy Essential Tonic Treatment W25000… **B**

➡酵母成分提供肌膚活力因子。為系列產品中的銷售No.1／Power 10 Formula YE Effector W12000… **F**

流行化妝品
以低價購得

目前韓國最為流行的是添加綠茶、蔬菜和樹木等植物成分的化妝品。高品質低價格的韓國化妝品，最能滿足想每樣都試用看看的女性需求！別害羞為自己添購最新流行的化妝品吧。

E 토니모리

TONYMOLY
MAP 別冊 P6-B4

販售添加萃取自植物或水果等天然成分，不傷肌膚的商品。產品包裝可愛而受到廣大年齡層的支持。
data 图◎M1號線南浦站步行5分 健中區光復路52-1
중구 광복로52-1
📞(051)243-3800
🕙10～23時 休無

F 잇츠 스킨
It's skin
MAP 別冊 P6-B4

以皮膚專科醫生的處方設計成藥妝而聞名。低刺激性的護膚產品能解決肌膚問題。
data 图◎M1號線南浦站步行5分 健中區光復路56-1
중구 광복로56-1
📞(051)246-9591
🕙9時30分～22時 休無

G 스킨푸드
SKIN FOOD
MAP 別冊 P6-B4

以蔬菜水果、餅乾糖果和酒類等食品為原料的自然風化妝品。不同用途的化妝品總類高達600種以上。
data 图◎M1號線南浦站步行6分 健中區光復路51-1
중구 광복로51-1
📞(051)231-3710
🕙10時～22時30分 休無

購物

傳聞中的低價化妝品

●周邊地圖參照別冊P4

執著於美麗 ✦ 以流行關鍵字挑選
添購高品質化妝品

持續求新求變的高品質化妝品您絕對不容錯過。
在此以關鍵字分門別類，介紹最近備受矚目的發酵系、
香草系等化妝品！請仔細研究過後再加以購買。

🔑 Keyword 發酵系

萃取原料中的發酵成分，活化肌膚。發酵可使營養成分增加，具保濕和美白效果。

添加80種自然發酵成分

銷售No.1 擁有傲人的歡迎程度

↑Air Rising TF Dazzling Base W40700/因能創造完美無瑕的潤澤肌膚，而受到美容書刊編輯和部落客的高度評價… A

添加蓮花等發酵成分

su:m 37° SECRET PROGRAMING ESSENCE

↑水潤滋養魔法精華 80㎖ W80000/添加80種植物自然發酵成分。去除肌膚壓力，打造健康肌膚… A

↑Water full Timeless Water Gel 100㎖ W68600/添加竹子樹液和蓮花的發酵成分，使肌膚整日滋潤水亮。 A

🔑 Keyword 天然香草系

使用嚴格挑選的香草，打造水潤透亮的健康肌膚。不傷肌膚所以也適用於敏感膚質者。

深層滋潤肌膚

←26hr經典保濕精華 W46000/可使皮膚層充滿水分，保濕效果持續24小時的精華液… C

持續26hr保濕效果的熱門商品

belif believe in truth 50ml
The true cream - moisturizing bomb
Clinically-proven to retain moisture for
Dermatologically tested   26hrs

↑紫芹26hr潤澤炸彈霜 50㎖ W38000/紫芹成分的保濕效果擁有驚人的26小時持續力。最適合T字部位肌膚問題者使用… C

雙層式的精華液

↑巴西莓果活力抗老精華 W46000/雙層式的天然香草精華液。解決細紋、斑點等惱人的肌膚問題… C

埃及國王菜香草保護肌膚

→全能透薄防曬粉餅 15g W30000/添加埃及國王菜香草成分。保護肌膚不受到紫外線的傷害。外盒造型可愛… C

A 숨37˚
su:m 37°
 西面 MAP 別冊 P6-A1

秉持「發酵」為主要概念，追求能讓肌膚無負擔變美的化妝品。使用嚴選的有機植物自然發酵成分打造健康的肌膚。

data 🚇Ｍ直通1、2號線西面站 🏠釜山鎮區伽倻大路772 樂天百貨公司釜山本店 1F 부산진구 가야대로772 롯데백화점 부산본점 1F 📞(051)810-3193 🕙10時30分〜20時(週五〜週日為〜21時) 🈺每月不定期的1次週一

B 章
后
西面 MAP 別冊 P6-A1

將韓國宮中文化和現代文化加以結合，創造最有價值「美」的品牌。最熱銷的拱辰享系列內因含有抗老效果而獲得高度評價。

data 🚇Ｍ直通1、2號線西面站 🏠釜山鎮區伽倻大路772 樂天百貨公司釜山本店 7F、8F 부산진구 가야대로772 롯데백화점 부산진구 7F、8F 📞(051)810-3880(免稅店) 🕙9時30分〜20時(週五〜週日、假日〜21時) 🈺無

C 빌리프
belif
西面 MAP 別冊 P6-A1

承繼擁有150年傳統英國香草店鋪的製造技術。不傷肌膚的高品質天然化妝品牌。販售適合不同膚質的產品。

data 🚇Ｍ直通1、2號線西面站 🏠釜山鎮區伽倻大路772 樂天百貨公司釜山本店 1F 부산진구 가야대로772 롯데백화점 부산본점 1F 📞(051)810-3192 🕙10時30分〜20時(週五〜週日為〜21時) 🈺每月不定期的1次週一

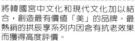

🔑 Keyword
植物成分系

堅持使用高品質天然成分，
添加天然植物精華。
提升肌理機能，打造緊實
有彈力的肌膚。

山茶花 含皮
脂中
也有的油脂，
所以能被肌膚
有效吸收。

innisfree
jeju camellia
body butter

↑濟州山茶花身體滋潤霜
W20000/使用濟州島產山茶
花油的身體滋潤霜。豐富的
營養讓全身肌膚柔嫩滑溜… D

萊姆
具美白效果。
清爽的香味帶
有療癒效果。

innisfree
it's real squeeze mask
lime

➡真萃鮮榨面膜
W950/內含濟
州島產的植物精
華。共計16種
類，具有迥然不
同的香味… D

綠茶
豐富的維他命C擁有美白和抗
老效果。

➡綠茶籽保濕
精華
W22000/使
用濟州島無農
藥栽培的綠茶
蒸餾水和種
子… D

🔑 Keyword
韓方系

使用富含胺基酸和
維他命的人蔘與
蓮子，具有抗老和
保濕效果。

↓潤燥精華 60ml W90000/植物發酵成
分滲透肌膚底層，使肌膚明亮。洗臉後
立即使用… E

↓滋陰生人蔘
修護霜 W19萬
6600/2014年化
妝品生產量排行
第1。擁有良好抗
老效果… E

雪花秀系列
人氣No.1的
實用品

大受歡迎的
前導精華液

消除老化的
徵兆

←滋陰乳 125ml
W63000/添加能
減緩肌膚問題的
五行草萃取物。
不黏膩且給予肌
膚滋潤力… E

←重生秘帖 W13
萬7250/提升肌
膚本來的強韌和
再生能力的特製
美容液… B

以宮中
流傳的
祕方製成

🔑 Keyword
藥妝

由熟知皮膚知識的
皮膚科醫生所參加
開發的化妝品。
促進肌膚修補，
並解決肌膚問題。

具有美白和
改善細紋
效果

Dr.Jart+
PREMIUM
BB
Beauty
Balm

←份子釘滋潤
保濕急救面膜
75ml
W63000/改善
乾燥肌膚的好
朋友。能鎮定
肌膚並提供
滋潤和營養的
乳液… F

鎮定肌膚的
保濕乳液

↑Premium
Beauty
Balm 40ml
W48000/阻擋
紫外線，還具
有美白和改善
細紋效果的BB
霜… F

D 이니스프리
innisfree

南浦洞 MAP 別冊 P6-A4

以追求自然的20歲女性為主要客群的
品牌。添加充滿自然能量的濟州島火
山灰和花草等天然原料的化妝品一應
俱全。

data 図M1號線南浦站步行8分
住中區光復路42
중구 광복로42
☎(051)257-9545
營10~22時 休無

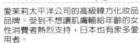

E 설화수
雪花秀

西面 MAP 別冊 P6-A1

愛茉莉太平洋公司的高級韓方化妝品
品牌。受到不想讓肌膚輸給年齡的女
性消費者熱烈支持，日本也有眾多愛
用者。

data 図M直通1、2號線西面站 住釜山鎮
區伽倻大路772 樂天百貨公司釜山本店
1F 부산진구 가야대로772 롯데백화점 부산
본점 1F ☎(051)810-4153 營10時30
分~20時(週五~週日為~21時) 休每月
不定期的1次週一

F 닥터자르트
Dr.Jart+

西面 MAP 別冊 P6-A1

皮膚科醫生參與開發的藥妝品牌。賦
予營養並且修復問題肌膚。低刺激性
且不含香料，令人放心。

data 図M直通1、2號線西面站 住釜山鎮
區伽倻大路772 樂天百貨公司釜山本店
1F 부산진구 가야대로772 롯데백화점 부산
본점 1F ☎(051)810-4111 營10時30
分~20時(週五~週日為~21時) 休每月
不定期的1次週一

在流行先端地下街購買物美價廉商品

大賢Primall in 西面

位於受到年輕人喜愛的潮流據點西面的地下街，為物美價廉商品的寶庫。
約300間袖珍店鋪雲集一地，不妨在此找尋稀有的珍貴商品吧。

↑手作質感的可愛髮圈W12000。帶有休閒印象… C

↓以黃銅製成的花朵模樣手工耳環W10000… C

↑袖子設計為特徵的女裝上衣W32000。可簡單穿搭出少女風格… A

↑色彩繽紛的條紋裙子W82000，建議搭配簡單的上衣… A

↑花朵刺繡的白襯衫W28000，衣服後擺較長能修飾體型… D

↓薄荷綠的皮包W46000以大型流蘇為特徵。也適合工作時使用的簡單設計… D

↓工作時派上用場的黑色皮包W56000。皮包底寬可裝入大量物品… D

←條紋襯衫W69000，可搭配牛仔褲或裙子的萬用款… A

涼鞋W35000，細長的帶子讓腳看起來更纖細。簡單設計可百搭衣服… C

→高跟涼鞋各W39000，粗鞋跟的設計適合行走… B

→流蘇為特徵的涼鞋W42000。無論是裙子或褲子都好搭配… B

MAP 別冊 P6-A1

大賢 Primall
→P83

↑銀色帶子令人驚豔的涼鞋W19000。營造流行時尚感… B

↑肩背包W24000，適合簡單外出時使用。金色的扣環帶有高級感… D

在這裡買得到

A 불루리본

Blue ribbon
MAP 別冊 P6-A1

上班休閒兩相宜

從釜山的OL到學生，受到年輕女性族群強力支持的時尚流行店鋪。販售如連身洋裝、裙子和外套等多樣女性服飾配件。

data 🚇Ⓜ直通1、2號線西面站 ⓘ大賢Primall F-10
다현Primall F-10
📞(051)807-5389 🕐11～21時30分 休第1個週二

B 미카

MIKA
MAP 別冊 P6-A1

便宜鞋款一字排開

販售W15000～W50000極度便宜的女性鞋款。商品的推陳出新快速到來不及陳列。在大量的商品中挖掘珍愛的鞋款。

data 🚇Ⓜ直通1、2號線西面站 ⓘ大賢Primall G-13
다현Primall G-13
📞(051)816-3685
🕐11～22時 休第1個週二

C 포리

Folie
MAP 別冊 P6-A1

種類豐富的首飾

以實惠的價格販售耳環、項鍊、手環和髮圈等豐富首飾的專賣店。其中也包括手工製作的原創耳環。

data 🚇Ⓜ直通1、2號線西面站 ⓘ大賢Primall D11-1
다현Primall D11-1
📞(051)805-0067
🕐11～22時 休第1個週二

D 알파레이디

Alpha lady
MAP 別冊 P6-A1

販售皮包及鞋子

不分類型販售20～30歲年齡層的女性服飾配件，依店長個人品味挑選商品的概念店鋪。或許能在此找到別具特色的商品。

data 🚇Ⓜ直通1、2號線西面站 ⓘ大賢PrimallI11-1
다현Primall I11-1
📞(070)4237-8477
🕐12～22時 休第1個週二

五花八門的自用伴手禮就在此買齊

韓國雜貨in國際市場

窄小巷弄縱橫分布的國際市場及其周邊，販賣著包括食材、
日用品和傳統工藝品等包羅萬象的商品。
不妨在此找尋韓國特有的既可愛又滑稽的自用伴手禮吧。

➡用色鮮豔的成
人款美麗韓服
W50萬～…Ⓐ

⬇搭配韓服的韓國拼
布圖案包W50000～
15萬…Ⓐ

➡色彩繽紛的手
拿包W3800…Ⓑ

⬆帶有樸素口味的傳統餅
乾。地瓜型W2000
➡在五金行可買到的韓國米
酒容器W1500

MAP 別冊 P4-A2

國際市場

➡P64

釜山最大規模的綜合市場，因電
影《國際市場》的熱映而備受各
界矚目。商店位於A·B棟的1和2
樓，某些商品在2樓較為便宜。

⬅螺鈿工藝
的珠寶盒W
17000…Ⓑ

⬅可存放小
東西的束口
袋W1000～
1500…Ⓑ

⬇使肌膚平滑光亮
的去角質專用肥皂
W1000

⬇熱門必買的擦澡
毛巾W2000

⬆使用傳統韓紙製作的盤子。
大W4500、小W3000…Ⓑ

※無英文記號的商品可於市
場雜貨店等處購得

在這裡買得到

Ⓐ 귀빈주단

貴賓綢緞
MAP 別冊 P4-A2

女星金海淑等韓國藝人的愛用韓服
店。色彩鮮艷且俐落的設計也很受到
日本人的歡迎，擁有眾多的熟客。衣
服材質使用天然染色的絲綢。

data 交Ⓜ1號線札嘎其站步行5分
住中區中區路27　中區 中區路27
☎(051) 246-1245 時10～19時 休無

Ⓑ 대하공예사

大河工藝社
MAP 別冊 P4-A2

商品豐富多樣且經濟實惠，擁有眾多
熟客。

data 交Ⓜ1號線札嘎其站步行10分
住中區國際市場2街　中區 國際市場2길
☎(051)246-2957
時10～18時 休週日

這些也要Check

●樂天地下商街…**P84**
●光復地下購物中心…**P82**

廉價時尚的流行發信基地
釜山大學區域巡遊

釜山北部的釜山大學區域總是擠滿了包括釜山大學學生的年輕族群。主要街道上，受到釜山年輕人喜愛的時尚選貨店可謂櫛比鱗次！

釜山大學

漫步街頭的重點

Step1 大步前往主要道路
從地鐵釜山大學站3號出口出站後，眼前的道路便是主要街道。服飾或飾品等的廉價商店雲集於此。

Step2 一窺巷弄究竟
複雜交錯的巷弄區域內躲藏著各式充滿特色的小店！店員大多打扮入時，可作為自己穿搭的參考。

Step3 在暢貨中心尋寶
韓國國內外品牌的暢貨中心群聚於此，俗稱的「暢貨中心街」。其中不乏有半價以下的商品，在此尋找稀有珍貴商品吧！

코코로엠
COCOROEM MAP P47

打造全身最新流行趨勢

販售骷髏體圖案毛衣或是裝飾鉚釘的騎士外套等，特異獨行風格商品的選貨店。除了服飾之外，飾品或皮包的設計也充滿特色。

data 図 ⓜ1號線釜山大學站步行5分 ⓐ金井區金井路68號街12-4 금정구 금정로68번길12-4
☎(051)-515-4888
⏰11～22時 休無

↑流行先端設計的女用上衣W13萬

6000→ 典雅風的連身洋裝W12萬

休閒風格的T恤W12萬6000

춘희
Choon Hee MAP P47

便宜添購少女風服飾

販售物美價廉的少女風服飾配件。狹小的店內空間擺滿了各種服飾，有種尋寶的樂趣。另提供衣服修改和量身訂做的服務。

data 図 ⓜ1號線釜山大學站步行3分 ⓐ金井區長箭路12號街34 금정구 장전로12번길34
☎(051)-582-9940
⏰12～21時 休無

↑少女風花朵圖案女用上衣W36000

←提升時尚感的鉛筆裙W32000

오즈세컨
O'2nd MAP P47

釜山名媛的愛用品牌

進駐高級百貨公司的世界級品牌所直營的店舖。販售充滿女性韻味的連身洋裝或具陽剛味的褲子等，大多為獨樹一幟的特殊流行商品。

data 図 ⓜ1號線釜山大學站步行7分 ⓐ金井區釜山大學路49號街47 금정구 부산대학로49번길47
☎(051)516-7587
⏰10時30分～21時30分 休無

→和著色繪作家喬漢娜‧貝斯福聯名推出的女用上衣W99000

→可愛剪裁的短褲W13萬800

徹底檢視釜山
女孩們的個人推薦！

麵包和塔大受歡迎的
J SQUARE有著舒適
寬廣的空間，最適合
休息放鬆。

尹世雅
學生

金英珠
學生

朴美瓊
學生

朴惠美
學生

淡季或是連假前，
各家店舖會
一起打折拍賣，
千萬不能錯過！

釜山大學正門前的攤
販是曾被電視節目介
紹的有名店家。我早
餐最是吃這裡的吐司
和新鮮果汁。

巷弄內流行街道
販售的商品
不會輸給首爾。
價格也很合理。

紅宮

홍궁

 MAP P47

可愛且具有特色的店舖

販售耳環或髮簪等，在別處找不
到的傳統元素設計飾品的店舖。
同時販賣特殊設計的潮流配件和
皮包。店內商品大多僅此一件，
只要有中意的產品建議立即購
入。

data 地下鐵 M 1號線釜山大學站步行3分
地址 金井區長箭路12號街36 금정구 장전로
12번길36 電話 (051)516-6810
時間 11～22時 公休 無

↑讓穿搭別具特色
的胸針W50000～

↑豪華品味的髮簪
W50000～

地圖

NC百貨　往J SQUARE↑　往長箭站↑

正門

釜山大學

傳統小麥冷麵
釜山大學路

偉特利　星巴克　GS25　3號出口出來
便是主要街道

大學1路

大學3路

既製服路

COCOROEM

林立著國內外
的暢貨中心店

Wash the money

釜山大學

O' 2nd

紅宮

巷弄內有廉價可愛
商品和外帶美食

Choon Hee
往溫泉場站↑

N　0　100m

●周邊地圖參照別冊P7

워시 더 머니

Wash the
money

MAP P47

高品味店長的二手服飾店

以韓國女性獨到品味挑選的二手服飾，
大多進貨自日本。可免費修改衣服的長
度或袖子。使用古風布料手工製作而成
的皮包和飾品也不容錯過。

data 地下鐵 M 1號線釜山大學
站步行3分 地址 金井區長箭
路60號街27-7
금정구 장전로60번길27-7
電話 (010)9208-0887
時間 11時30分～20時
公休 不定期

↓連身洋裝
W28000

↑手工製作的髮圈
各W3000

在這裡小歇片刻 ☕

J SQUARE

時尚的店舖外觀引人注目
的麵包店咖啡廳。店內裝潢
擁有豪華氣氛但價格實惠，
很受釜山大學學生和主婦
們的歡迎。麵包種類多樣豐
富，可品嘗
到各式口
味。

data
→至P81

傳統小麥冷麵

牛骨湯底加上甘草和桂皮等
韓方的健康小麥冷麵最受歡
迎。摻加魁蒿製成的麵條
口感絕佳，和湯頭也十分搭
配。

data →至P80

在超市&百貨公司地下街採買

熱銷的韓國伴手禮

在此介紹必買商品及最近熱門的新產品等，精心挑選後的美食伴手禮。
販售高品質商品的百貨地下街、或可大量採買的廉價超市等，皆不容錯過！

超市的話…
最適合購買分送用的餅乾糖果或泡麵等伴手禮。可重現韓國家庭味道的調味料也很受歡迎。

百貨地下街的話…
想選購特色伴手禮的話推薦前往百貨地下街。可買得到有機或講究製作過程的商品以及熱門產品。

調味料

麻油 (80g)
W2590 H
➡韓國最受歡迎的熱銷麻油。小瓶裝適合帶回家

肉專用味噌辣醬 (200g)
W1780 H
⬆沾上五花肉享用的專用味噌。在家裡也能享受韓式燒肉

調味料3罐組 (150g×3罐)
W9000 L
⬇韓式味噌、味噌辣醬和辣椒醬的禮盒。一次用畢的容量適合買來試吃看看

日曬鹽 (180g)
W6000 L
➡於鹽田製造的古早味日曬鹽。有機食品品牌ORGA的商品

辣椒醬 (60g×3條)
W4760 H
➡韓國菜中不可或缺的辣椒醬。一次用畢的條狀包裝很受歡迎

食材

有機農麵茶 (500g)
W13500 ●
➡混合糙米、麥子和黃豆等有機農作物而成，加入牛奶中飲用的健康飲品。最適合減肥時的營養補給

加約2大匙於水或牛奶（150cc）中攪拌後飲用

真空包裝泡菜 (200g)
W2350 L
➡韓國必買的伴手禮泡菜，最適合大量採買。真空包裝所以適合攜帶

辣醃鱈魚腸 (100g)
W5500 L
⬅辣醃鱈魚腸為鱈魚腸的鹽漬品。適合下飯或當下酒菜

辛拉麵黑色版 **W1240** H
➡自1986年發售以來長銷型的泡麵。其中推薦講究湯頭的黑色版

午餐肉 (200g)
W3580 H
除了部隊鍋外還可包於紫菜飯卷內或是配白飯等，韓國菜中常見的午餐肉

韓國菜中頻繁使用的食材！

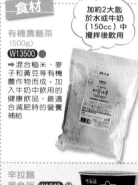

即食石鍋拌飯
W3050 H
➡加入熱水等待15分即可食用。將軍人的必需品作為伴手禮

小麥冷麵 (3人份)
W5000 H
➡將被譽為釜山冷麵的小麥冷麵帶回台灣。袋中有乾麵和湯包

人氣No.1的伴手禮

韓國海苔
最適合用來分送的伴手禮。有大小尺寸等多種類型

代表
兩班海苔 (3g)
W2090 H
➡隨處可見最基本款的韓國海苔

老牌

泡菜風味岩海苔 (2g) **代表**
W15000
➡可吃到微辣的泡菜味，也適合配白飯享用

草四里岩海苔 (2g)
W17000
⬆固定時節才能採收的珍貴岩海苔。老字號「名家」的人氣No.1商品

韓國海苔香鬆 (50g) **W3990** **當特色**
⬇將韓國海苔拌炒而成的香鬆型熱銷商品

藻海苔 (32g)
W2990 H
⬆使用韓國珍味每生이（一種海藻）的高營養價值海苔，十分推薦

熱門

點心

散裝 12個

香蕉口味巧克力派
W3840 (H)
↑韓國必買伴手禮的巧克力派。「情」香蕉口味熱銷到不少店家都斷貨賣完

藥菓 (L)
W6000 (H)
↓將搭配茶或咖啡享用的韓國傳統點心作為伴手禮

散裝 4個

高笑美 **W1120** (H)
⇒香味讓人一吃上癮,加入芝麻的樸素口味餅乾。有不少長期支持者

乾炸片
W9800 (L)
⇒將海苔、昆布或辣椒油炸,樸素味道的傳統點心。也適合作為下酒菜

散裝 3個

蜂蜜奶油洋芋片
W2390 (H)
⇒過去曾瘋狂熱銷到在商店不易找到的洋芋片。引起蜂蜜奶油旋風的起源

將當地名產作為伴手禮!

酒
除了在台灣也有名的傳統韓國米酒外,還另介紹釜山的常見酒類。

↑一段時間後沉澱為上下兩層,僅喝澄淨上層的人不在少數

老牌酒味淡
金井山城韓國米酒(750㎖)
W1890 (H)
⇒使用國產米、釜山金井山的岩盤水和天然麴製成的逸品

熱銷酒味強

生米酒(750㎖)
W1490 (H)
⇒由傳統酒廠釀醇堂發售的韓國生米酒。順喉易飲,不膩的味道廣受好評

生濁(750㎖)
W1100 (H)
⇒釜山最熱銷的韓國米酒。特徵為爽口的酸味和甜味

Joeun day 石榴口味(360㎖)
W1090 (H)
⇒近年來水果口味大受歡迎的Joeun day燒酒

菊花酒(375㎖)
W3720 (H)
⇒釜山廠商所發售的菊花酒。清爽的菊花香氣受到女性的歡迎

茶

散裝 15個

薏苡茶
W3290 (H)
↑放入大量堅果的濃稠健康飲料。溶於少量的熱水中飲用

牛蒡茶
W7800 (H)
⇒據說有消除便秘和減肥效果,出乎意料順口好喝的茶飲。1公升的水放入10克煎煮30分後飲用

枳椇子茶
W1200 (H)
⇒以枳椇子煮出有益於肝機能的健康茶飲。外包裝令人印象深刻

有機農菊花茶
W3300 (L)
↓將乾燥菊花加入熱水後品嚐的花茶。可消除眼睛疲勞及安定自律神經

散裝 20個

柚子茶
W9900 (L)
↑作為伴手禮受歡迎的柚子茶,堅持高品質不農藥

在這裡買得到
(H)Home plus… **P84**
(L)樂天百貨公司釜山本店… **P66**

血拼購物指南

❶袋子需付費
由於超市或百貨公司等處的紙袋需另付費,所以請自行攜帶購物袋。如需袋子請和收銀員說明。超市的塑膠袋約W50,百貨公司的紙袋約W100。

❷行李寄放於置物櫃
無論是超市或百貨公司大多會於入口處設置置物櫃,也有寄放手提行李的地方。部分店舖會要求在進店前寄放大型行李。在超市有歸還後會退幣的W100推車。

❸液態物品禁止攜帶上飛機
請仔細包裝泡菜和韓國米酒不讓液體滲出。販售限定商品的便利商店飲料也不容錯過。

女性的願望♡全面實現的究極複合性百貨

新世界Centum City

購物、咖啡廳、美食和SPA等，
吸引女性客群的設施匯集一處的熱門景點。
敬請放開胸懷盡情玩耍吧！

신세계 센텀시티
新世界Centum City `Centum City` MAP 別冊P8-B4

總佔地廣達29萬㎡，Centum City地區的地
標。還有許多方便購物的服務，花費1日也
玩不完。

`data` ⓜ 直通2號線Centum City站 🏠海雲臺區
Centum 4路15　부산 해운대구 센텀4로 15 📞(051)
745-1982 🕙10時30分～20時(週五、六、日及假
日～21時)、11時～21時30分(9樓餐廳)、10時30
分～22時(Mall) 🚫每月1次(不定休)

⬇➡2016年3月起和「Centum
City Mall」直通。也有免稅店等
店鋪進駐。

➡附設SPA和電影院等休閒設施

百貨公司館內圖

	Centum City百貨公司				Centum City Mall
11~14F	高爾夫球場				
10F	TRINITY CLUBS&SPORTS / TRINITY 寶樂				
	專門賣鋪街/新世界文化廳 ZOORAJI				
	基本款休閒服飾/活動會場		CGV	CGV SARIUM	Centum City Mall
	居家用品				S花園 家具店
	童裝/高爾夫/新世界藝館/新世界餐廳			chinee chef	KidZania
5F	男性服飾				溜冰場
4F	女性服飾			美食公園	KidZania/美食天地
3F	運動/戶外/女性服飾/鞋子				生活型態/風格用品
2F	海外名牌/鐘錶/女性服飾	VIP貴賓廳 SPALAND			運動/休閒服務
1F	海外名牌/化妝品			Payard	新世界藝館/海鮮世代/美食廣場
B1F	流行雜貨/食品超市/活動會場				新世界免稅店
B2F	流行街道/停車場				中央廣場 電子廣場·書店
B3~B4F	停車場				停車場
					B4~B5F

商品涵蓋化妝品和國外品牌
世界最大規模的購物商場

可享受購買流行服飾、書籍等包羅萬象商
品的購物樂趣。

流行服飾樓層

⬆青少年休閒服飾也種類豐富，
大多商品位於實惠的價格帶

化妝品樓層

➡國內外最
流行熱門的
化妝品應有
盡有

BANDI&LUNI'S

⬅位於Mall地下2
樓的大型書店。
除了書本外也販
賣K-POP的CD

高級蒸氣房養顏美容
新世界SPA LAND

使用2種天然水
的大型SPA。種
類豐富的三溫暖
和蒸氣房洗滌旅
途的疲憊。對於
美容也有功效。

➡各樣的三溫暖休
息處和按摩設施
都很完善

⬆傳統汗蒸幕擁有
卓越的排毒效果

同時身兼約會聖地
文化&休閒設施

不只購物商業設施，還設有大
型CGV影城和溜冰場等，可供
一日盡情玩樂。

➡大型影城在百
貨的7～8樓

⬅可眺望
水營江的
溜冰場

美食廣場&食品伴手禮在這裡！

美食公園

位在百貨公司4樓的美食公
園。在此填飽肚子兼休息！

⬆炸醬麵
W12500
(2人份)

食品超市

除了泡菜和海苔等韓國的代表性食材外，點
心和熟食也很受歡迎。商品種類豐富適合一
次大量買齊伴手禮。

⬅柚子茶球15
個入W5250
(左)、紫蘇
籽油W11800
(右)

掌握重點訣竅後大肆採買

2大免稅店徹底比較

海外購物行程中最不可欠缺的便是免稅店。
可以優惠的價格購買令人憧憬的高級品牌，
以及台灣買不到的稀有商品。

確認店內
進駐品牌！

購物

2大免稅店徹底比較

롯데면세점 부산점

樂天免稅店 釜山店

MAP 別冊 P6-A1

交通便利的熱門免稅店

位於和西面站連通的樂天百貨公司的7、8樓。販售香奈兒、LV和PRADA等200種世界著名的名牌商品。鄰近有飯店和電影院。

data ⊠M直通1、2號線西面站 圓釜山鎮區伽倻大路772 樂天百貨公司釜山本店7、8F
부산진구 가야대로 772 롯데백화점 부산본점 7、8F
☎(051)818-8580 圓9時30分～20時（週六、日及假日）圀無

重點看過來

① 依購買金額獲贈折扣券
免稅店會舉辦達到一定購買金額贈送折扣券的活動

② 於休憩空間放鬆歇息
購物累時最適合前往休憩空間，還有免費的飲水

③ 在HP&線上雜誌得知優惠資訊！
樂天免稅店HP（cn.lottedfs.com）免費註冊線上雜誌可獲得獨家折價券！

신세계면세점 부산점

新世界免稅店 釜山店

Centum City MAP 別冊 P8-B4

於2016年遷居開幕

2016年新世界百貨Centum City店擴張規模重新開幕，位於Centum City Mall的1樓和地下1樓。雨天也能在此享受一整天的購物樂趣。

data ⊠M直通2號線Centum City站 圓海雲臺區Centum4路15 新世界百貨Centum City Mall 1F、B1 부산 해운대구 센텀4로 15 신세계 센텀시티몰1F、B1 ☎(1661)8778
圓9時30分～20時（週六、日及假日～21時）圀無

重點看過來

① 在寬廣空間內悠閒購物
賣場面積比以前擴大27%。在廣闊舒適的空間內享受購物的樂趣

② 搭乘便利的接駁巴士前往
提供從西面、中央洞（釜山站周邊）的飯店1日3～4班的免費往返接駁巴士

③ 超過300種的品牌進駐
除了GUCCI、MCM和勞力士等國外品牌外，也有許多韓國的當地品牌

免稅店 購物的 秘訣

護照不可或缺
購買商品時會要求出示護照，還會詢問回程班機的名稱和時間，請事先準備

注意購買時間
免稅品必須於機場提領，所以請於出發前的5小時完成購物手續。若為上午班機，則最晚須在前一日20時前購買

使用美金也OK
幾乎所有的免稅店都接受美金付款。若擔心身上韓元不夠，則可選擇以美金結帳

	樂天免稅店	新世界免稅店
LV	○	○
香奈兒	○	
愛馬仕	○	
PRADA	○	
Tiffany	○	
GUCCI	○	○
Bottega Veneta	○	
Miu Miu	○	
FENDI	○	
CELINE	○	
Burberry	○	○
菲拉格慕	○	○
ETRO	○	
Dior	○	
卡地亞	○	
寶格麗	○	
LOEWE	○	
TOD'S	○	○
COACH	○	○
MCM		○
Paul Smith	○	
HUGO BOSS	○	
BALLY		○
Max Mara	○	
勞力士	○	○
Le Sportsac	○	○

在**暢貨中心** 超划算 大採購

如果目標在於消費購物，就絕對不能錯過暢貨中心。
除了能以優惠價格購買名牌商品之外，
也附設美食街和娛樂設施，足夠消磨一日時光。

롯데프리미엄아울렛 동부산점
樂天Premium Outlet 東釜山店

東釜山
MAP 別冊 P2-B4

2014年底盛大開幕

於海雲臺東部登場不久，佔地廣達16700坪韓國最大規模的暢貨中心，儼然成為釜山的新代表景點。超過550種的品牌進駐於此。

`data` 交 M 2號線萇山站計程車10分 機 張郡機張邑機張海岸路147
부산 기장군 기장읍 기장해안로 147
☎(051)901-2500 營 10時30分～21時
休 每月1次不定休

樓層指南

4F	泰迪熊博物館
3F	美食、童裝、運動用品、戶外庭園、遊樂場
2F	雜貨、青少年服飾、生活家電、內衣褲、男性服飾、童裝、美食
1F	國外流行服飾、雜貨、女性服飾、男性服飾、童裝、運動用品、生活家電、美食

CHECK
絕佳的地理位置
最近的車站為萇山站，但從海雲臺站搭乘計程車只需約15分，交通十分便利

CHECK
瞭望台所見的美景！
可將購物廣場一覽無遺的瞭望台是地標建築。晴朗無雲的日子可隔海眺望到對馬

CHECK
也有可愛的博物館
4樓設有泰迪熊博物館。電影院或戶外庭園等娛樂設施也應有盡有

暢貨中心購物的祕訣

首先確認館內地圖
要逛完全部的店家相當困難，首先在地圖上找出自己喜愛品牌的位置吧

善加利用兒童設施
帶著小朋友也能盡興正是暢貨中心的特點。兒童遊樂中心或乘坐設施也不容錯過

롯데프리미엄아울렛 김해점
樂天Premium Outlet 金海店

金海
MAP 別冊 P2-B4

建設於郊外的大型設施

位於釜山市郊外金海市的暢貨中心。14000坪的腹地內有超過300種的品牌店鋪進駐。另有慶尚南道的特產品賣場和電影院。

`data` 交 M 輕軌府院站車程15分 機 金海市長有路469
김해시 장유로469
☎(055)900-2500
營 11～21時 休 無

樓層指南

4F	電影院、伽倻遺物展示館
3F	電影院、美食街
2F	休閒服飾、童裝、運動用品、男性服飾
1F	國外品牌、流行雜貨、女性服飾

CHECK
距離西面1小時
於2號線沙上站轉乘輕軌，於府院站下車後搭計程車約15分

CHECK
最少也有7折！
由於是出清商品，所以能用最優惠的價格購得。值得長途跋涉來此採購

CHECK **少不了美食街**
設有超過30種不同的餐廳，種類琳瑯滿目令人難以抉擇

美容

韓國之旅不可或缺的美容行程景點。
在此從便宜輕鬆方案介紹到頂級SPA，
讓身心獲得療癒的同時，
從裡到外都能變得美麗動人。

交通便利簡單輕鬆充電美麗能量！
都會中的蒸氣房

即使在忙碌旅程中，也可輕鬆前往位於都市中的蒸氣房，對於女性而言是可靠的同伴。不少蒸氣房附設於百貨公司和飯店，所以交通十分便利。不妨於購物閒暇時充電自己的美麗能量吧。

可作為閨密聚會的休閒場所

何謂蒸氣房？
原指使用木炭或石頭加熱的低溫三溫暖，但最近成為可享受泡澡和三溫暖的複合性設施的總稱。放鬆使用讓身體從外溫暖到內。因可兼顧休閒和美容而受到大眾普遍的歡迎。

何謂汗蒸幕（한증막）？
焚燒松木加熱至100°C的高溫三溫暖。披上麻袋後進入以黃土或紫水晶製成的圓頂房中。具有遠紅外線效果，能促進新陳代謝。還有排毒功能可讓肌膚滋潤光滑。

1. 大汗淋漓讓美從裡到外
2. 有如度假村般的寬敞空間
3. 設有充分的休息場地

신세계스파랜드
新世界SPA LAND
Centum City
MAP 別冊 P8-B4

充滿高級感的度假SPA

和Centum City站直通的百貨新世界Centum City（→P50）旁的大型蒸氣房。規模為韓國最大，除了22種三溫暖、使用天然溫海水的溫泉和露天浴池之外，美容沙龍和按摩等選擇也相當多樣。週末時觀光客和當地居民等使用者眾多，故較推薦平日前往。

data ❷Ⓜ直通2號線Centum City站 ⯑海雲臺區Centum南大路35 부산 해운대구 센텀남대로 35 ☎(051)745-2900 ⏰6～24時 ⯑每月1次(不定休) ⯑W15000、週六日和假日W15800(國小、國中、高中生W12000、週六日和假日W15000) ※最多可使用4小時。未滿7歲謝絕入場

❶ 三溫暖

使用據說有高超清淨效果的喜馬拉雅岩鹽原石的鹽三溫暖和羅馬三溫暖。嘗試各種三溫暖親身體驗不同效果吧

❷ 汗蒸幕

排毒效果卓越的傳統汗蒸幕。溫度較高請務必時時補充水分，切勿過度勉強

❸ 大浴池

在天然溫泉水的大浴池徹底洗淨身上的汗水和老廢物質。露天浴池（左）限女性使用

❹ 休憩處
設有可橫躺的歇息空間與紓壓椅等各式設備。還能收看電視可追最新的韓劇！

❺ 按摩

提供臉部、全身和腳底按摩。請注意按摩需另行付費。全身按摩 W11萬（60分）

❻ 餐廳

除了韓國菜外，還提供西餐與和食。英文菜單故無需煩惱

1.模擬韓國傳統住宅裝潢的休憩空間
2.麥飯石三溫暖擁有遠紅外線效果
3.4.寬敞的浴場

三溫暖的裡面是…

How to use 蒸氣房

在此介紹蒸氣房的簡單使用流程

Step1 在櫃台辦理入場手續

支付使用費後，領取置物櫃鑰匙、毛巾和室內浴袍。某些設施最後才會結算金額。

Step2 於更衣室換上浴袍

於更衣室換上室內用浴袍。欲先泡澡者可先脫去衣服前往浴池。自動販賣機有賣洗髮精等用品。

Step3 自由自在放鬆歇息

泡澡暖和身體、或是嘗試豐富多樣的三溫暖，樂趣無窮。由於會大量流汗，所以需時時補充水分。

> **蒸氣房不可或缺的食物飲品**
> 甜米酒　使用米和麥芽釀成高美容效果的傳統飲料。有如淡味甜酒般味道溫和，容易入喉
> 水煮蛋　營養價值極高，適合大汗淋漓後的營養補給。千萬注意別吃過量！

竟然有這麼多！活用蒸氣房的方法

蒸氣房不僅僅有三溫暖和浴池，還有各種設施和選擇。在此介紹度過一整天的方法。

便利的設施

PC房
可收發電子郵件和查詢店鋪的資訊。最適合整理旅途中所拍攝的照片

健身房
運動流汗後再泡澡可謂通體舒暢。某些店鋪須另行付費，請事先於櫃台詢問

DVD放映房
可免費收看電影和電視。邊收看喜愛的韓國電影邊放鬆休息。特別推薦綜藝節目

指甲彩繪
全身煥然一新後做指甲彩繪讓指尖也閃閃亮亮。也提供手部護理的課程

按摩
釜山蒸氣房常見的是運動按摩。可選擇全身或上半身等項目

身體除垢
大半情形會於浴池的專用區進行。辦理申請後，可邊泡澡邊等待著叫號

해운대래저

海雲臺Leisure

海雲臺
MAP 別冊 P9-D1

貼近當地的蒸氣房

距離車站步行1分為最大魅力的蒸氣房。由於居家氣氛和實惠的價格，週末有時擠滿了眾多的當地居民。另提供按摩（W60000～）等付費服務，若有閒暇時間不妨試試。

data 交 M2號線萇山站步行1分
住 海雲臺區海雲臺路814 5～7F
해운대구 해운대로814 5～7F
電 (051)701-0391 時 24小時
休 無 費 泡澡W6000、泡澡＋蒸氣房W10000（夜間W11000）

허심청

虛心廳

東萊
MAP 別冊 P7-B2

溫泉×蒸氣房的代表性設施

據說新羅國王造訪過的歷史悠久溫泉地東萊溫泉（→P70），設於此處的農心飯店所附設的綜合溫泉設施。可享受到艾草、藥草及擁有消除疲勞和美容效果的溫泉、以及各式三溫暖。還設有餐廳、啤酒屋和麵包店。

data 交 M1號線溫泉場站步行7分
住 東萊區金剛公園路20號街23
부산광역시 동래구 금강공원로20번길 23
電 (051)550-2200 時 5時30分～24時
※閉館前30分最後入場 休 無
費 W8000（週六、日及假日W10000）、身體除垢W18000～、蒸氣房的浴池使用費W2000

1.各式的三溫暖和浴池圍繞著正中央的大型浴池。可於櫃台或泡澡途中申請身體除垢服務　2.露天溫泉、洞窟浴池或半身浴等設施豐富　3.適合全家同樂前往，非常受到當地居民的歡迎

風光明媚的療癒景點
絕美海景蒸氣房

可恣意享受海岸風光、
絕美夜景的奢侈蒸氣房是
屬於眾人的療癒所在。
浴池使用溫泉水和海水，
所以能讓肌膚細緻光滑。

三溫暖的裡面是…

1 2

3

4

5

광안 해수 월드
廣安海水世界

廣安里 **MAP** 別冊 P8-B2

種類豐富的三溫暖設施

擁有黃土和鹽等種類豐富的三溫暖以及蒸氣房。由於蒸氣房僅限國中生以上入場，所以環境安靜、氣氛沉穩。

data 交 M2號線民樂站車程5分 住水營區廣安海邊路30號街7 수영구 광안해변로30번길7 ☎(051)754-2009 時24小時(泳池平日僅12～16時、週六日和假日10～22時)※每日14～17時為清掃時間 休無 金泡湯W7000、泡湯＋蒸氣房W9000、泡澡＋蒸氣房＋泳池W12000(蒸氣房用的浴袍另付W2000)

1.游泳池的水同樣使用海水 2.3.將黃土黏結成球形的「黃土球」觸感舒適，像足湯一樣把腳放入黃土中，或是橫躺其上溫暖身體 4.4樓開放孩童入場，全家能在此同樂 5.設有能徹底消除疲勞的睡眠室

1.在低溫三溫暖徹底排汗
2.視野良好的休憩空間
3.從海水浴場前往十分方便

1

2

3

송도 해수피아
松島Haesoopia

南富民洞 **MAP** 別冊 P2-A4

絕佳美景的舒適景點

位置鄰近於風光明媚的釜山南部松島海水浴場。從室內無處不見優美海景。浴場使用從地下1100公尺汲取的海水。還有黃土和冰塊三溫暖等多樣豐富的設施。

data 交 M1號線札嘎其站車程5分 住西區忠武大路134 서구 충무대로134 ☎(051)718-2000 時24小時 休無 金泡澡W7000、泡澡＋蒸氣房W10000

Hill Spa的設施琳瑯滿目

大浴池
2樓為女性，4樓為男性的浴池。屋頂設有男女共用的戶外溫水游泳池

休憩空間
從3樓的休憩空間可將大海一覽無遺。地板為溫突，十分溫暖

三溫暖

1. 坐在Hill Spa屋頂的沙灘椅上度過優雅的一刻
2. 最推薦傍晚時或遠眺點燈後的廣安大橋夜景

Ⓐ寶石 옥돌
裏頭鋪滿著釋放負離子的翡翠。低溫能讓人好好放鬆

Ⓑ冰塊 얼음
負10°C的超低溫度。將在高溫三溫暖打開的毛孔緊縮，賦予肌膚彈力與光澤

Ⓒ鹽 소금
地板和牆壁使用礦物質豐富的岩鹽。可促進血液循環，改善肌膚狀態

Ⓓ黃土 황토
將黃土高溫加熱後釋放出遠紅外線的三溫暖。促進新陳代謝和血液循環

힐스파
Hill Spa

 海雲臺
MAP 別冊 P9-D2

全視角美景讓心靈也排毒

館內靠海一側為大片的玻璃落地窗，除了白天和夕陽外，也能欣賞到燦爛的夜景。屋頂設有溫水游泳池和甲板露台。也可享受到鹽、寶石和冰塊三溫暖等。

data 交 M2號線中洞站車程5分 住海雲臺區迎月路117號街17-7 해운대구 다맛이길 117번길17-7 ☎(051) 743-5705 時24小時 休無 金泡澡W8000(週六、日W10000)、泡澡+蒸氣房W12000(週六、日W15000)

아쿠아펠리스 블랑루즈 워타맥스
Aqua palace Blanc Rouge Watermax

廣安里
MAP 別冊 P8-A3

附設游泳池的溫泉

位於Aqua Palace飯店內，可將廣安里海灘的景色一覽無遺。溫泉使用從地底湧出的海水泉源，具美肌效果。7樓設有室內泳池，一年四季皆可使用。

data 交 M2號線廣安站步行10分 住水營區廣安海邊路225 수영구 광안해변로225 ☎(051)756-0202 時24小時(三溫暖和蒸氣房)、10～19時(戲水區) 休無 金泡澡W9000～、泡澡+蒸氣房W12000、泡澡+蒸氣房+戲水區W30000

1. 在廣大的浴池能盡情地放鬆歇息
2. 擁有有滑水道的正規游泳池。溫水所以冬天也能游泳

腰痠背痛在隔日煙消雲散！
韓國按摩令人通體舒暢

想於短時間內充電自己的美麗能量，或是消除旅途中的疲累，按摩絕對是旅行者的不二選項。
細心的手法加上比台灣划算的價格，
何不藉此放鬆享受？

何謂運動按摩？
使收縮的肌肉恢復正常，藉此改善鬆弛與僵硬等問題的韓式按摩。促使關節動作更加流暢，並且暢通血液的流通。最適合旅行者或久坐辦公室的人。能在購物的空檔隨時前往也是另一魅力之處。

데코보코
decoboco

南浦洞　MAP 別冊 P5-C3

`腳` `指` `指甲` `臉部` `M`

正統的指壓按摩技術

距離南浦站極近，交通便利的店家。擁有超過10年經歷的老牌按摩師，全手且細心的指壓技術很受歡迎。另有芳療或種植睫毛等豐富項目。

`data` 图1號線南浦站步行3分
住中區海岸路10　중구 해안로10
☎(051)246-6685
時12時～翌2時 休第4個週日

老牌按摩師提供
按摩服務

⬇店內空間寬敞，最多容納8人

推薦項目
Decoboco基礎項目
W70000 (90分)
全身指壓＋腳底按摩＋蠟療美容
精油芳療70分項目
W70000 (70分)
臉部保養
W40000～(40分)

⬆依據身體痠痛情況來調整按摩 ⬅按摩腳底穴道消除日常生活的疲累

細心周到的指壓按摩

⬇恰到好處的指壓令身體放鬆

오아시스발 마사지
綠洲腳底按摩

西面　MAP 別冊 P6-A2

`腳` `指` `指甲` `臉部` `M`

依需求選擇按摩項目

主要使用名為벙（棒）的器具刺激穴道的腳底按摩為主，也提供上半身或腰部的按摩服務。還有去角質或指壓按摩等各W10000，可另行選擇細部的按摩選項。

`data` 图1、2號線西面站步行5分
住釜山鎮區釜田路66號街4 2F　부산진구 부전로66번길4 2F
☎(051)802-9365
時10時～翌5時（週日～23時）
休無

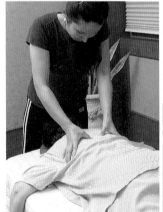

主要為腳底按摩但不僅於此！

⬆也有略懂中文的店員

推薦項目
腳底按摩
W35000～(45分)
使用專用器具刺激腳底。另付W59000（80分）可追加上半身的按摩服務
運動按摩
W60000 (80分)
精油A
W70000 (80分)

瞬間消除
旅途的勞累

姜東孝美容&按摩小屋

凡一洞
MAP 別冊 P3-B2

[腳][指][臉部][M]

40年經驗的按摩

擁有40年經歷，曾多次被報章媒體報導的按摩師姜東孝（강동효）院長開設的按摩店。除了韓國顧客外，店內也常有日本人觀光客慕名而來。

↓炭蒸氣房讓全身大汗淋漓

流汗排出
身體的毒素！

data 図 M1號線凡一站步行5分
住鎮區自由平和路3號街14-21 소망大樓5F 부산 부산진구 자유평화로3번길 14-21 소망빌딩5F
☎(010)3884-9606
時24小時 休無

↓半身浴空間。備有雜誌能讓人放鬆歇息

推薦項目

按摩全套項目
W15萬 (2小時)
炭蒸氣房＋全身經絡
精油按摩＋全身貼布
＋膠原蛋白面膜＋運
動按摩＋全身伸展＋
腳底按摩

全身經絡按摩
W70000 (50分)

↑發揮熟練專業技術的運動按摩

美容 ♥♪ 韓國按摩令人通體舒暢

Herb sports massage

西面
MAP 別冊 P6-A1

[腳][指][M]

以低廉價格享受按摩服務

西面站9號出口出來即到，位置絕佳的運動按摩專門店。約1小時的全身按摩僅需W50000，價格實在令人滿意。擁有超過10年經驗的按摩師舒展筋骨進行治療。

data 図 M1、2號線西面站步行1分
住釜山鎮區西面文化路6-1 하성大樓9F 부산진구 서면문화로6-1 하성빌딩9F ☎(051)808-9114
時12時～翌6時 休無

↓位於大樓的9樓

推薦項目

全身＋腳底按摩
W50000 (65分)
全身按摩和腳底按摩
的套裝項目。價格也
吸引人
腳底按摩
W35000 (40分)

←經驗老到按摩師的按摩絕讚 →沉穩氣氛的店內空間

準確的穴道按壓
讓身體變得輕盈

排毒效果
令人煥然一新♡

←仔細的腳底按摩消除水腫
↓於專用床鋪進行按摩

瞄準鎖定韓式美麗秘訣

美容＆美甲尤物

為了犒賞自己平時的努力付出，不如前往美容沙龍或做指甲彩繪讓心情輕鬆愉快。
在釜山美人們專用的美容沙龍，讓自身的閃耀直達指尖！

⬇臉部項目W30000～

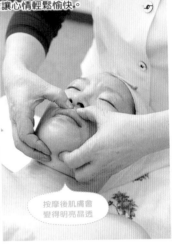

按摩後肌膚會
變得明亮晶透

經絡　아낙코스메틱

Anak Cosmetic　西面 MAP 別冊 P6-A2

⬇櫃台架上擺滿了按摩時使用
的化妝品

舒暢爽快的經絡按摩

擁有超過30年經歷院長的全指壓按摩院。按
摩經絡但不感疼痛，還能消除腰痠背痛。配
合膚質狀況敷上的法國或義大利製面膜有美
白和彈力效果。需2日前預約。

data 交 M 1、2號線
西面站步行6分
住 釜山鎮區伽倻大路
784號街49 3F
부산진구 가야대로784
번길49 3F
☎(051)819-0773
時 9時30分～20時
30分
休 週日

按摩舒服到讓人
不自覺墜入夢鄉

⬆細心仔細地紓解肩膀及背
部的緊繃痠痛

美容　뷰티앤레드스토리

Beauty & Red Story　南浦洞 MAP 別冊 P6-B4

超便宜美容保養打造無暇肌膚

⬇臉部＋上半身項目W30000（80分）

包含臉部、腳底、
背部或全身管理
等豐富多樣的美
容選項，價錢還
驚人地便宜！而
且效果紮實令人
滿意。店內基本
療程為經絡按
摩，但增進肌膚
保濕和彈性的維
他命C導入與面
膜也很受歡迎。

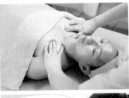

維他命C浸透至
肌膚底層

data 交 M 1號線南浦
站步行6分 住 中區光
復路61-1 4F
중구 광복로61-1 4F
☎(051)241-8282
時 10時30分～20時
（週六、日～16時）
休 週日、假日

➡維他命C導入帶來美
白效果 ➡牆壁貼有
術前術後照片

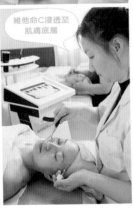

美甲　네일 카운티

Nail County　西面 MAP 別冊 P6-A2

釜山最大的美甲店鋪

擁有約3000名的會員，開幕邁
入第13年的美甲沙龍。周到的服
務、舒適的環境以及實惠的價格
廣獲好評。南浦洞和海雲臺也設有直營店鋪。會員
券W35萬～，無有效期限所以外國人也適合購買。

data 交 M 1、2號線 ⬇人氣光療美甲W80000～
西面站步行5分
住 釜山鎮區西面路46
부산진구 서면로46
☎(051)816-2893
時 10～22時 休 無

⬇腳部保養W45000
（60分）

試著挑戰可愛的
指甲彩繪！

⬆細心的動作令人感
到放心

➡指甲彩繪的樣品展示
種類豐富

漫步街區

攤販美食或是自用伴手禮等，
能邂逅新發現的街區漫步正是旅行的精髓所在。
不妨多行幾步路，將東萊或慶州的
旅遊計劃納入眼界之中吧。

COURSE **1** 抵達釜山後首先要拜訪這裡！

漁獲量豐富的釜山港

前往南浦洞的首選景點

釜山為韓國的第2大都市，作為國際貿易港口而蓬勃發展
港口周邊以朝氣蓬勃的海鮮市場為中心，
風光明媚的港口景色盡收眼底。
還包括年輕人絡繹不絕的南浦洞鬧區，
為集結釜山獨特魅力的觀光區域。

行程比較清單

散步性	♪♪♪	各市場占地廣闊
美食度	♪♪♪	新鮮海鮮和具地方特色的攤販
店鋪數	♪♪♪	於無所不有的國際市場購物
美容度	♪♪♪	港口美景療癒身心!?
文化性	♪♪♪	享受港都獨有的風情
推薦時間帶	11～20時	
所需時間	4～6小時	
預算標準	餐費W30000＋入場費W4000＋購物費用	

←顧客絡繹不絕的札嘎其市場

夜景優美的釜山塔

新鮮的生魚片
在南浦洞可品嘗到

交Ｍ1號線南浦站步行10分

1 釜山塔(龍頭山公園)
　　↓ 步行15分
2 茶山
　　↓ 步行8分
3 BIFF廣場
　　↓ 步行8分
4 阿里郎街
　　↓ 步行3分
5 國際市場
　　↓ 步行15分
6 札嘎其市場
交Ｍ至1號線南浦站步行5分

1 登上都市的地標釜山塔！

旅行開端先前往位於高處、能俯瞰釜山港的龍頭山公園內的釜山塔。從高120m的瞭望台所見的景色令人驚艷。可欣賞到弓形的海岸線、如織的漁船等港都風景。想拍照的話建議於不會逆光的上午前往，若想觀賞夜景則安排於行程最後前往！

➡從光復美化街搭乘手扶梯前往公園

龍頭山公園 MAP 別冊P4-B2
용두산공원

交Ｍ1號線南浦站步行10分
住中區龍頭山街37-55
부산 중구 용두산길 37-55
☎(051)860-7820 營釜山塔9～22時(21時40分最後入場)
休無(博物館為週一)
費釜山塔瞭望台W5000

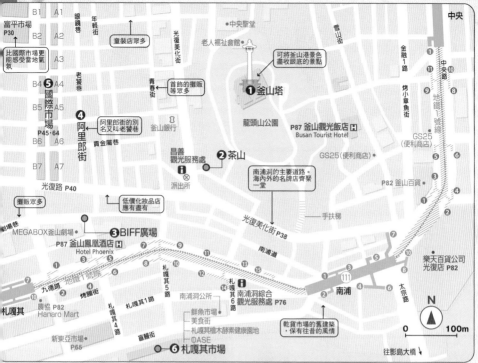

中央

B1 A1
富平市場 P30
眼鏡巷
年輕街
B2
比國際市場更能感受當地氣氛
A3
童裝店眾多
光復美化街
老人福祉會館
中央聖堂
雪山街
金融1路
中央路
烤小章魚街
地鐵1號線

❶ 釜山塔
可將釜山港景色盡收眼底的景點

B4 ❺ A4
國際市場 P45·64
B5 A5
青春街
老鶯巷
首飾的攤販等眾多
龍頭山公園
P87 釜山觀光飯店
Busan Tourist Hotel
GS25（便利商店）

B6 A6
❹ 阿里郎街
阿里郎街的別名又叫老鶯巷
釜山銀行
❷ 茶山
GS25（便利商店）

B7 A7
貴金屬巷
昌善觀光服務處
南浦洞的主要道路。海內外的名牌店齊聚一堂
P82 釜山百貨

光復路 P40
派出所

攤販眾多
低價化妝品店應有盡有
光復美化街 P38
手扶梯

MEGABOX釜山劇場
❸ BIFF廣場
南浦道

P87 釜山鳳凰酒店
Hotel Phoenix
樂天百貨公司光復店 P82

九德路
地鐵1號線
南浦洞公所
南浦洞綜合觀光服務處 P76
南浦
太宗路

札嘎其
烤腸街
鮮魚市場
美食街
N

農協 P82
Hanaro Mart
札嘎其5路
札嘎其6路
札嘎其檜木酵素健康園地

新亞市場 P65
盲鰻巷
OASE
❻ 札嘎其市場
乾貨市場的舊建築，保有往昔的風情

0   100m

往影島大橋

傲視釜山的絕佳觀景地
釜山的地標，高120m的景觀眺望不容錯過

↑晴朗無雲的日子甚至能遠眺到對馬

---

❷ 品茗傳統茶飲 小歇片刻

參觀完釜山塔後，在傳統茶飲店內小歇片刻。裝飾著傳統樂器極富情調的店內空間，除了柚子茶和紅棗茶等常見的傳統茶外，還有以茶葉沖泡的綠茶以及柿葉茶等種類豐富的茶飲。多為W4000～6000的合理價格。

茶山
다산　MAP 別冊 P6-B4

🚇 M1號線南浦站步行7分
🏠 中區 光復路67號街32
　中區 광복로 67번길32
📞 (051)246-0467
🕐 12～23時
🚫 第1·3個週日

↑顏色鮮豔清爽口感的五味子茶 W5000

←擁有沉穩令人放鬆氛圍的店內空間

3 在BIFF廣場
撫摸明星們的手印♪

位於南浦洞鬧區的此座廣場，為國際電影節之一釜山電影節的象徵性場所。BIFF是釜山國際電影節（Busan International Film Festival）的縮寫。宛如圍繞著廣場的電影院櫛比鱗次，海內外的導演和明星的手印鐫刻於道路上。必吃的攤販美食韓式糖餅也不容錯過。

↑這裡是眾人熟知的北野武導演的手印與簽名

↑廣場有著販賣韓式糖餅等的眾多攤販，熱鬧非凡

淺聞小知識 韓國最大規模的釜山電影節

近年來韓劇與韓電影於台灣也極受歡迎，影迷們絕對不容錯過的便是釜山國際電影節。2017年迎接第22屆的韓國最大電影節，每年10月會舉辦約1週的活動。活動期間來自國內外的電影人和影迷將造訪釜山，為全城瘋狂歡騰的年度一大盛事。

→搶先觀看熱門的韓國電影

包含盈南韓電影共30間以上的電影院放映

BIFF廣場
BIFF Square　MAP 別冊 P6-A4

🚇M1號線札嘎其站步行2分
🏠中區BIFF廣場路一帶
　釜山 中區 비프광장로

5 在國際市場
找尋伴手禮

從阿里郎街步行即可到達釜山最大規模的綜合市場——國際市場。附近匯集了服飾、食器和家具等包羅萬象的店家，即使僅是散步其中也樂趣無窮。以2層建築的A棟和B棟為中心，其周邊還有無數的店鋪比鄰營業。

國際市場 국제시장　MAP 別冊 P4-A2

🚇M1號線札嘎其站步行5分
🏠中區國際市場2街一帶
　中區 국제시장2길
🕐8時30分～19時左右（視店舖而異）
🚫視店舖而異

4 在阿里郎街
簡單享用午餐

辣炒年糕 ←務必品嘗手工製作的

國際市場B棟東側隔一個街區的阿里郎街，是眾多攤販充斥的美食巷弄。坐在矮椅子上，宛如野餐般又能飽餐一頓。餐點每道約為W3000～4000，經濟實惠令人滿意。開心享用當地獨特的美食吧。

阿里郎街
아리랑거리　MAP 別冊 P4-A3

🚇M1號線札嘎其站步行8分

結帳
於拿取餐點或離開時結帳。店家會以手勢表示金額，如擔心溝通則可預先準備紙筆。

用手指點餐
用手指想吃的食物便沒問題！接著只需坐於座位上等待食物盛盤上桌即可。

推薦商店也不容錯過！

國際漆器 국제칠기　MAP 別冊 P4-A2

適合日常生活使用的樸素漆器一應俱全
🚇M1號線札嘎其站步行7分　🏠中區國際市場2街15A棟1F
　中區 국제시장2길 15A 1F
📞(051)245-7824

←聽聞評價慕名而來的觀光客也不在少數

德盛陶器 덕성도기　MAP 別冊 P4-A2

不鏽鋼製食器和鐵板等韓國食器、廚具的專賣店。
🚇M1號線札嘎其站步行7分
🏠中區國際市場2街194A棟地下46號　中區 국제시장2길 194A B46호 📞(051)245-2378

→包羅萬象的廚房用具擺放於店門口

攻略
6 韓國最大規模的
札嘎其市場！

擁有韓國最大漁港的釜山，讓人意猶未盡想一來再來的便是這間水產市場。設有能嘗到現撈海鮮的食堂以及吃到飽餐廳。改裝為玻璃窗帷幕的時尚建築後，便化身為適合散步與購物的優質景點，讓你活力滿滿！活蹦亂跳的海產和充滿朝氣的어머니（韓文的母親）令人佩服，盡情享受魚市場情懷吧。

札嘎其市場
자갈치시장 **MAP** 別冊 P4-B4

🚇Ⓜ1號線札嘎其站或南浦站步行5分
🏠中國札嘎其海邊路52　中구 자갈치해변로52
📞(051)245-2594
🕐9〜21時(2樓美食街9〜23時)
＊視店舖而異
休無

→擺滿著章魚、花枝和貝類等新鮮海鮮

↑面臨港口佇立的7層玻璃建築市場

←大樓後側為時髦的開放露台

引人矚目的3個樓層

↓早晨為漁業關係者，中午過後則身為一般顧客來訪

1F 鮮魚市場

進入大樓後映入眼簾的便是一字排開的鯛魚、比目魚、鮑魚和海鞘等各式各樣海產的水槽。選擇海鮮後店家會在現場製成生魚片。

↓生魚片(W30000〜)的代表為比目魚等白肉魚

→除了台灣人熟知的海產外，也有不少罕見的海鮮！

2F 美食街

↓最後吃的火鍋，絕對令人飽肚又滿足

各式餐廳雲集的美食街。每間餐廳的餐點和價格皆大同小異。最熱門的料理為比目魚和鯛魚生魚片拼盤附煎餅等小菜以及魚雜碎鍋，2〜3人份約W30000左右。生魚片的韓式吃法為沾含醋的辣椒醬或芥末醬。

→於白天搶得面對大海的和式座位，可以欣賞到絕美景觀

5F OASE

擁有600座位的吃到飽餐廳。從剛捕獲的新鮮漁貨生魚片到牛排，可品嘗到約200種的美食料理。需事前預約。

OASE 오아제 **MAP** 別冊 P4-B4

📞(051)248-7777　🕐12時〜14時30分、18〜21時(週六17時30分〜21時30分、週日17時30分〜21時)　休無
💰(午餐)W27900〜、(晚餐)W35500〜、週六、日和假日W38500〜
＊酒類需另行付費

↑可同時品嘗到海鮮和肉類，就算是團體也可安心前往用餐

攻略的重點

其一 泡酵素溫泉！

利用檜木鋸屑發酵時產生的熱能加熱的酵素溫泉。W30000〜(2小時)。🏠中國札嘎其海岸路52札嘎其市場3F　📞(051)255-8001　🕐7〜20時

其二 於2樓用餐

若將1樓購買的海鮮帶至2樓餐廳，需另付額外費用和調味料費(依店家而異但1人約W4000)。若需烹調則再另行支付W5000〜。

其三 場外市場也不容錯過

除了主大樓外，位於周邊的場外市場也不容錯過。平房店家可見陳列著鮮魚切片和魚乾等海產。

這裡最推薦
鄰近於札嘎其市場的市場。購買的海鮮可於當場享用是最大的魅力之處。

新東亞市場 **MAP**
신동아시장　別冊P4-A4

🚇Ⓜ1號線札嘎其站步行3分 🏠中國札嘎其路42　中구 자갈치로42
📞(051)246-7500
🕐1樓水產市場9〜21時 ＊視店舖而異
休第2・4個週二

➡於大型店鋪
享受購物

COURSE ②

韓式美容和
護膚美食讓美麗升級

血拼購物天堂在
西面磨練提升女性魅力！

人氣百貨公司和流行大樓林立的西面是釜山年輕人的好去處。除了血拼購物外，還能品嘗到著名的豬肉湯飯，划算的美容保養讓肌膚水嫩光滑等，徹底享受韓國獨特的樂趣。旅途的最後就在賭城一擲千金吧！

交M 1、2號線西面站步行2～12分

1 樂天百貨公司／CENTRAL SQUARE

⬇ 從樂天百貨公司釜山本店步行5分

2 OPNew Aesthetic System

⬇ 步行5分

3 豬肉湯飯街

⬆攤販雲集的美食巷弄

⬇ 步行10分

4 Seven Luck Casino

交M 至1、2號線西面站步行5分

行程比較清單

散步性	♪♪♪	各景點間距離並不遙遠
美食度	♪♪♪	享受豬肉湯飯＆咖啡廳
店鋪數	♪♪♪	購買流行商品和伴手禮的好去處！
美容度	♪♪♪	在喜愛的美容沙龍讓美麗升級
文化性	♪♪♪	彌漫著釜山的年輕文化
推薦時間帶		11～20時
所需時間		5～6小時
預算標準		餐費W5500＋美容W10萬＋購物＆賭場費用

1 想買化妝品
＆食品伴手禮請到
百貨公司・地下賣場

旅行開端先到受觀光客歡迎的購物景點採購血拼。在百貨公司可買到流行服飾和食品等熱門伴手禮，種類繁多齊全為最大魅力。在專賣店匯集的購物中心添購釜山的最新流行商品吧！

樂天百貨公司 釜山本店
롯데백화점부산본점　　MAP 別冊P6-A1

直通地鐵車站的釜山最大型百貨公司。除了擁有LV、PRADA等國際品牌外，地下食品賣場的海苔和人蔘等伴手禮也應有盡有。

交M 直通1、2號線西面站　住釜山鎮區伽倻大路772　부산진구 가야대로772
☎(051)810-2500
營10時30分～20時　休不定休

⬆鄰接釜山樂天飯店。營業時間長令人開心
⬆8樓為免稅店（➡P48），9樓還設有餐廳

前往居家氣氛的咖啡廳

塔和派等甜點皆為手工製作，也不乏使用當季水果製作的餐點。必須在點餐時結帳。

Tokyoloose
도쿄루즈　MAP 別冊P6-B2

草莓冰沙
W5800

交M 1、2號線西面站步行8分
住釜山鎮區中央大路680號街25　부산진구 중앙대로680번길25
☎(051)703-7549　營14～23時　休週一

CENTRAL SQUARE
센트럴 스퀘어　MAP 別冊P6-B3

擁有餐廳、咖啡廳和時尚服飾店等的複合性購物設施。雖距離車站有一段距離，但透天挑高的中庭最適合休閒放鬆。

交M 1、2號線西面站步行12分
住釜山鎮區中央大路666號街50　부산진구 중앙대로666번길50
☎(051)932-5000
營11時～20時30分　休無

⬆營業時間視店鋪而異

➡香氛精油按摩

2 美麗從 美容沙龍開始

乾淨明亮的店內空間，店員習於接待外國顧客所以令人感到安心。除了全身按摩之外，使用高周波的緊緻拉提療程也很受歡迎。

即時可見的效果是人氣的秘密

OP New Aesthetic System
OP 에스테틱 **MAP** 別冊P6-A2

- 🚇 M1、2號線西面站步行5分
- 🏠 釜山鎮區西面路47　부산진구 사면로47
- 📞 (051)805-0825/0827
- 🕐 10時30分～21時(週六～18時)　🚫週日

推薦項目
- ●全身管理 W15萬（90分）
- ●OP特殊管理B療程 W10萬（70分）

全身指壓＋背部、手臂、足部管理＋筋骨伸展的療程

西面以外的

美容沙龍＆按摩

腳底按摩的老字號

女店長細心周到的服務廣受好評的美容沙龍。腳底穴道按摩（C項目・80分，W60000～）之外，還有精油或運動等可依自我喜好挑選的全身按摩。

用雙手和棒子按摩

Aroma Relax House **MAP** 別冊P6-B4
아로마릴렉스하우스
- 🚇 M1號線南浦站步行3分
- 🏠 中區九復路77　중구 광복로77
- 📞 (051)247-4967　🕐 10～23時　🚫無

依身體狀態會並

以絕佳的按摩技巧為傲

將歐美的技術與東洋的傳統手法融合的按摩而廣為知名。擁有超過30種的按摩項目，可依身體狀態進行按摩。肌膚彈力再生療程W50000（70分）。

也有熱石按摩

GUINOT Aesthetic **MAP** 別冊P6-A4
기노에스테틱
- 🚇 M1號線札嘎其站步行2分
- 🏠 中區九德路58-1 3F　중구 구덕로58-1 3F
- 📞 051-244-3600　🕐 10～22時（週六～19時，預約～20時30分）
- 🚫週日、假日

釜山的美容沙龍＆按摩資訊

釜山的美容設施除了觀光客眾多的南浦洞附近之外，其餘店家並不如首爾般對外國人有完善的應對服務。語言不通或是無中文的文字標示等，溝通不良的情況時有所聞。建議預約療程時可拜託飯店的櫃台妥事先確認價格。

---

3 具有美膚效果 豬肉湯飯午餐

在西面用餐的話，強力推薦前往專賣店群集的豬肉湯飯街。豬肉湯飯（→P28）是在燉煮豬肉豬骨的高湯內放入白飯的釜山特產。

味豬肉湯飯 不帶腥味的美

豬肉湯飯街 **MAP** 別冊P6-A1
돼지국밥거리

飯側餐皆街廳是左道豬右肉兩湯

- 🚇 M1、2號線西面站步行5分

---

4 夜晚前往 賭場挑戰

夜間娛樂就前往樂天飯店內的賭場！場內的悠閒氣氛讓女性也能從容入內，對於初次體驗者也有中文說明故令人安心。未滿19歲禁止入場。

短褲入場 禁止穿著涼鞋或

Seven Luck Casino **MAP** 別冊P6-A1
세븐럭카지노

- 🚇 M1、2號線西面站步行5分　🏠釜山鎮區伽倻大路772
- 부산진구 가야대로772　📞 (051)665-6000　🕐24小時
- 🚫無　💰最低賭金W100～

這裡也要Check!

依個人使用需求介紹市內的醫院或美容診所等設施。其中也有會說中文的員工，可幫忙預約醫院門診。

釜山醫療觀光諮詢中心 **MAP** 別冊P6-A1
부산 의료관광 안내센터

- 🚇 M1、2號線西面站步行1分　🏠釜山鎮區伽倻大路785
- 부산진구 가야대로785　📞 (051)818-1320、1330
- 🕐 10～19時　🚫無

COURSE **3**

釜山第一的熱門度假勝地

在海雲臺海灘享受悠閒度假時光

夏天時釜山當地居民和觀光客都擠得水洩不通的海雲臺海水浴場

→ 在可見海景的泳池徹底放鬆

白砂海灘沿岸林立著豪華高級度假飯店的海雲臺地區。屢次作為電影的外景拍攝地點，同時也是每年舉辦的釜山國際電影節的主要會場。在此釜山首屈一指的度假區域，勢必要悠閒享受蒸氣房或溫泉的泡湯樂趣，以及大啖新鮮的海中珍味。海灘旁還設有免稅店，能滿足購物的慾望。

行程比較清單

散步性	♪♪♪	可遊逛的範圍較狹小
美食度	♪♪♪	以合理價格品嘗到高級食材河豚！
店鋪數	♪♪♪	前往名牌店鋪雲集的免稅店！
美容度	♪♪♪	在海景蒸氣房放鬆休息
文化性	♪♪♪	享受釜山首屈一指的度假勝地
推薦時間帶	11～20時	所需時間 半天
預算標準	入場費W19000＋餐費W10000＋購物費用＋蒸氣房（＋泡澡）費用W9000	

交 M 2號線海雲臺站步行10分

1 釜山水族館
　　▼ 步行即到
2 海雲臺海灘・足湯
　　▼ 步行10分
3 錦繡河豚
　　▼ 步行10分
4 冬柏公園
　　▼ 計程車6分
5 海景蒸氣房・Hill spa
交 M 至2號線中洞站計程車5分

↓也可以從南浦洞搭乘巴士前往

↓海灘沿岸設有免費的足湯

設有完備的散步步道

---

1 在**釜山水族館**觀賞群魚巡遊

↓巨大的水槽讓人彷彿置身水中

位於海雲臺韓國最大規模的水族館。在此可觀賞到從世界各地匯集而來超過400種類、約40000隻的海洋生物。館內擁有長80m的海中隧道以及巨大水槽等豐富多樣的展示項目。企鵝餵食等表演秀也不容錯過。

釜山水族館 MAP 別冊P9-C4
부산아쿠아리움

交 M 2號線海雲臺站步行10分
住 海雲臺區海雲臺海邊路266
해운대구 해운대해변로266
☎(051)740-1700 時 10～19時（週六、日及假日9～21時）休 無 釜 W25000

還有水獺、鯊魚、海豹等的餵食秀。請事先確認表演時間

---

2 在**海雲臺海灘**悠閒隨意散步

海雲臺海水浴場 MAP 別冊P9-C4
해운대해수욕장
交 M 2號線海雲臺站步行10分

出水族館後眼前寬廣的海雲臺海灘上，盡是擦肩交錯的悠閒散步人群。敬請享受長達2公里的白砂海灘漫步，或是在觀光服務處旁的足湯泡泡溫泉吧。

3 午餐輕鬆享用美味
河豚火鍋♪

午餐就在高級食材河豚的專賣餐廳享用吧。品嘗放入大量河豚魚片的豪華1人火鍋，白鯖河豚鍋W10000～的美味令人回味。2樓為虎河豚專賣，全餐為W70000～（需預約），但用盡河豚的午餐W25000～也不容放過。

↓白鯖河豚火鍋W10000。清爽的湯頭十分美味。活虎河豚鍋為W35000

錦繡河豚
금수복국
MAP 別冊 P9-C4

交M2號線海雲臺站步行10分 住海雲臺區中洞1路43號街23 부산 해운대구 중동 1로43번길23 ☎(051)742-3600 時24小時（2樓為11～21時）休無

→1樓的氣氛令人能輕鬆入店。距離天堂酒店也很近

這裡也要Check!
天堂酒店內還附設賭場。21點和吃角子老虎等代表性的遊戲一應俱全，初次體驗者也能樂享其中。

天堂賭場
Paradise Casino
MAP 別冊 P9-C4

交M2號線海雲臺站步行10分 住天堂酒店金山本館1F ☎(051)749-3386 時24小時 休無 吃角子老虎W500～

4 休憩的好去處
漫步於冬柏公園

從海雲臺區域前往十分方便，包括當地居民在內，造訪公園者人數眾多。島東側設有完備的散步道，在所需約20分的散步時間內飽覽美景。途中也可見吊橋。特別推薦公園夜景，也有不少的夜晚慢跑者。

冬柏公園
동백공원
MAP 別冊 P9-C3

交M2號線冬柏站步行10分

享用芒果甜點
除了新鮮芒果果汁和甜點外，還有秤重販賣的優格冰淇淋（1g W25～）也很受歡迎。咖啡W5500～。

→水果等配料也是秤重販賣

MANGO SIX
MAP 別冊 P9-C4

交M2號線海雲臺站步行10分 住海雲臺區海雲臺海岸路298號街24 PALE DE CZ 해운대구 해운대해안로 298번길24 PALE DE CZ ☎(051)746-8966 時9時～23時30分 休無

地圖標示：
N 0 500m
中洞
公園
海雲路
202
E Mart海雲臺店
海雲臺站
機張利木津巴士
SfunZ P84
203
海雲臺
東海南部線
地鐵二號線
市外巴士轉運站
Lord Beach Hotel
H Hotel Riviera
❸錦繡河豚
釜山諾富特大使飯店 P88
Novotel Ambassador Busan
H 海雲飯店 P89
Seacloud
MANGO SIX
PALE DE CZ
海雲臺格蘭飯店
Haeundae Grand Hotel P89
足湯
海雲臺綜合觀光服務處
釜山天堂酒店 P89
Paradise Hotel Busan
天堂賭場
Hill Spa ❺
P88 伊露娜酒店
Hotel ILLUA
❹往冬柏公園
松林公園 海雲臺海水浴場❷
釜山水族館❶
海雲臺觀光遊覽船

5 絕美海景＋溫水泳池
起身前往蒸氣房

於海雲臺和廣安里區域擁有眾多能享受海景的蒸氣房（→P56）。設有多樣三溫暖的Hill spa的屋頂還有溫水游泳池。從休憩空間可邊放鬆邊欣賞海景。

Hill spa
MAP 別冊 P9-D2
→P57

交M2號線中洞站車程5分

意外聞休閒於Hill spa的屋頂躺椅悠憩

稍微走遠一些
在機張大啖螃蟹

從海雲臺搭車約30分前往機張（MAP別冊P2-B2）也是不錯選擇。此區域因風景和新鮮海鮮而家喻戶曉，除了能嘗到罕見的稻草烤盲鰻外，最有名的莫過於螃蟹了。在螃蟹一條街能秤斤論兩購買螃蟹後到現場蒸熟享用。

↓讓螃蟹老饕口水直流的螃蟹市場

↑鋪滿翡翠的寶石三溫暖

COURSE ④

歷史悠久溫泉地

於東萊溫泉造訪古寺 & 不住宿溫泉

↑佇立於大自然中的梵魚寺帶來心靈的平靜

從釜山站往北約14km，位於金井山麓的東萊溫泉據說是新羅時代國王曾造訪過的歷史悠久溫泉地。這裡除了有鹼性鹽泉質的溫泉浴外，還能漫步於自然豐沛的公園內，以及參觀著名的古禪寺，也能品嘗到著名的東萊蔥煎餅。和熱鬧的市中心各異其趣的郊外最適合一天來回的小旅行。

🚇M1號線梵魚寺站
計程車10分，
或90路巴士車程15分

1 梵魚寺
🚇M1號線梵魚寺站車程11分的
M1號線溫泉場站下車，步行15分

2 金剛公園
步行 15分

3 虛心廳
🚇M1號線溫泉場站車程4分的
M1、4號線東萊站下車，步行10分

4 東萊奶奶蔥煎餅
🚇M至1、4號線東萊站步行10分

↓清澈的空氣和綠意療癒心靈。周邊為著名的賞紅葉景點

行程比較清單

散步性	♪♪♪	漫步於公園和寺院
美食度	♪♪♪	大啖東萊的著名美食
店鋪數	♪♪♪	不妨逛逛觀光地區的伴手禮店
美容度	♪♪♪	在溫泉徹底放鬆
文化性	♪♪♪	造訪四處的名勝古蹟
推薦時間帶	9～18時	
所需時間	1日	
預算標準	入場費W10000＋交通費W10000～＋餐費	

1 韓國禪宗的總本山 造訪梵魚寺

於678年創建的禪寺，為慶尚南道三大寺院之一的知名古剎。除了遺留於腹地內的三層石塔之外，其餘的建築幾乎是文祿之戰時燒燬後再度重建。梵魚寺位於金井山的半山腰，四周被竹林和赤松等樹林圍繞，可帶著健行心情前往參拜。

↑命名由來為大岩石湧出的金色泉水內，有魚在其中悠游的故事

梵魚寺 🗺別冊P2-B1
범어사

🚇M1號線梵魚寺站90路巴士車程15分 住金井區梵魚寺路250 금정구 범어사로250 📞(051)508-3122 時3時30分～18時(服務處9～17時) 休無 費免費

淺聞小知識 🌙 韓國人和儒教

朝鮮王朝時政治性導入的儒學精神已深植於韓國人的心靈當中。所表現而出的為鼓勵勤習漢學等學問、謹守禮節、以及推崇重視世襲的姓氏和家族概念。儒家思想於韓國至今仍遺留濃厚的色彩，比起台灣更加遵從地位較高者的行為便是其中一例。此外，重視出身地和姓氏的同族意識十分強烈，結婚後女性大多不會從夫姓。

←從空中纜車的山頂站約步行20分
可到達瞭望台

梵魚寺❶

金井山
北門
釜山綜合
巴士轉運站
梵魚寺站
老圃站
南山站
斗實站
久瑞站
長箭站
釜山大學
據說於新羅時代築城
的山城遺跡。位於
801m的山頂
金井山城
金井區
西門
東門
南門
東萊溫泉
露天足湯
金剛公園 ❷
虛心廳 P55 ❸
釜山
大學站
溫泉場站
空中纜車
明倫站
地鐵3號線
地鐵4號線
美南站
東萊站
東萊奶奶
蔥煎餅 ❹
壽安站
東萊站
東海南部線
往水營 往釜山站

N
0 ─── 1km

2 於金剛公園親近大自然

位於上鶴山的東南方半山腰，擁有完備散步道和健行路線的
自然公園。公園深處設有延伸至金井山城的空中纜車搭乘
處，可享受約10分鐘俯瞰釜山市區的空中散步。

↓春季有櫻花、秋季有
紅葉的美景景點。可挑
選造訪的季節

金剛公園　MAP 別冊 P7-A2
금강공원

🚇1號線溫泉場站步行15分 ☎(051)
555-1743 🕘自由入園。空中纜車9～18
時 💰單程W5000、來回W8000 休無

3 虛心廳體驗身體除垢

附設於農心飯店、東萊地區地標性的溫
泉設施虛心廳。除了溫泉之外，還能以低廉的價格體驗蒸氣
房（W2000）和身體除垢（W18000～）等設施。能享受的
溫泉包括大型溫泉、露天、檜木和洞窟等多種型態的浴池。
保留充裕的時間悠閒享受溫泉吧。

虛心廳　MAP 別冊 P7-B2
허심청 ➡P55

↑櫃台有會說中文的員
工，故能放心使用設施

→具有度假飯店氣
氛而大受歡迎

🚇1號線溫泉場站
步行7分

時間有限者可
體驗足湯

虛心廳周邊設有2處
免費的足湯，推薦
時間有限者前往體
驗。據說是區公所
員工以日本的足湯
為參考而設置。一
年四季當地居民都會前往利用。

↑時間不夠也能輕鬆
享受溫泉

東萊溫泉露天足湯　MAP 別冊 P7-B2
동래온천 노천족탕

🚇1號線溫泉場站步行5分
🕘10～17時 休週二或週三 💰免費

↓東萊蔥煎餅W40000（大）、W20000（小）

4 品嘗著名料理東萊蔥煎餅！

徹底遊玩東萊之後，絕對不能錯過的是名產的蔥煎餅。傳承
4代的此間店舖，將糯米粉和小魚高湯揉成的麵團Q彈且美
味。不愧為曾進貢給朝鮮王朝國王的珍品。食材包括淡菜、
蛤蜊和牛肉等豪華內容，配菜和韓式糕點也非常可口。

東萊奶奶蔥煎餅　MAP 別冊 P7-B4
동래할매파전

→地點位於東
萊區廳的西
側。自製東萊酒
也大受歡迎

🚇1、4號線東萊站步行10分
🏠東萊區明倫路94번街43-10
동래구 명륜로94번길43-10
☎(051)552-0791 🕘12～22時
休週一

COURSE **5** 從釜山一日往返 世界遺產之旅

在慶州時光穿梭回到新羅時代！

曾為新羅王朝首都的古都慶州，由於近1000年作為新羅的心臟地區，隨處可見遺留下來的史蹟，因此都市整體被稱為「露天博物館」。聳立於郊外吐山中的石窟庵和佛國寺，以及市區中心部的古墳群等慶州歷史遺跡地區已被登錄為世界遺產。若時間充裕建議可於慶州住宿一晚，但從釜山一日往返也是可行。

●首爾

慶州○
○釜山

1 古墳公園為慶州最大的古墳群（→P74）2 遺留於南山區域的三尊石佛（MAP P73-A2）3 佛國寺的本殿（→P73）4 皇龍寺址（MAP P73-A1）5 東洋最古老的天文台瞻星台（첨성대→P74）6 因韓劇而引起話題的善德女王陵（MAP P73-A1）

行程比較清單

散步性	♪♪♪	石窟庵等處廣地步行範圍廣大
美食度	♪♪♪	午餐或點心於市區中心享用
店鋪數	♪♪♪	不妨找尋古都味道的工藝品
美容度	♪♪♪	接觸悠久歷史讓心靈清澈明亮!?
文化性	♪♪♪	海內外觀光客造訪的史蹟寶庫
推薦時間帶	7～18時	
所需時間	（包括＋α行程時）約7小時30分	
預算標準	入場費W9500＋餐費W10000＋移動交通費	

🚌慶州站搭市外巴士和接駁巴士50分

1 石窟庵
↓ 接駁巴士20分
2 佛國寺
↓ 巴士10分
＋α行程 慶州民俗工藝村
↓ 計程車25分
3 森浦包飯 ＋α行程
↓ 步行15分
瞻星台・雁鴨池
↓ 步行15分
4 古墳公園 (大陵苑)
↓ 計程車5分
5 國立慶州博物館
↓ 🚌至慶州站巴士10分

釜山前往慶州的交通方式

鐵道…從釜山站搭乘1日約行駛20班的KTX，到達新慶州站所需約30分，W10000～。從新慶州站至慶州站可搭50・60・70路（班距10～15分）、203路巴士，車程20分。700路（班距30分）為繞行慶州站、新羅千年公園和佛國寺等地的循環巴士。

巴士…在直通地老團站（距地鐵老山站車程37分）的釜山綜合巴士轉運站（別冊 P2-B1），市外巴士每隔15分、高速巴士每隔30分行駛。所需時間約3小時，費用W4500。市外巴士抵達慶州市外巴士轉運站（MAP P73-B1），高速巴士則是到達慶州高速巴士轉運站（MAP P73-B1）。

慶州的遊逛方式

以古墳公園為中心的市區，移動方式為步行或自行車。前往郊區則可利用計程車或巴士。若時間有限則可選擇包租計程車，或是參加當地行程較有效率。

計程車…作為觀光地故計程車台數眾多。基本上為跳表制，W2800起跳，但進市內前往郊外大多為口頭喊價。於郊外路上不常見計程車，欲造訪多處景點時包計程車較為方便。參考費用大概6小時W13萬。議價請洽觀光服務處（MAP P73-B1）。

市內巴士…巴士路線幾乎網羅了郊外的觀光地。對於觀光客為便利的是停靠慶州市外巴士轉運站～慶州站～普門觀光園區～慶州民俗工藝村～佛國寺～國立慶州博物館等地的10路巴士（反方向為11路）循環路線。佛國寺～石窟庵有接駁巴士（1小時1班，W1500）。市巴士費用一般巴士為W1300、有人數限制的座席巴士為W1800。行駛時間6時～22時30分。※所有時刻視季節而異。

租賃自行車…想拜訪市區的景點時最為便利。自行車租貸店位於慶州站或慶州高速巴士轉運站的周邊，費用1小時W3000～，1日約W7000。

右圖

P89 現代慶州
Hotel Hyndai Gyeongju
慶州
경주

古墳公園
(大陵苑)

Hotel Commodore H
P89慶州希爾頓酒店
Gyeongju Hilton

慶州站周邊

普門觀光園區區域

B 花郎路
慶州站

慶州站前 慶州站前觀光服務處
皇南麵包

自行車租貸

森浦包飯
千軍洞

東海南部線

瞻星台
半月城
石冰庫

國立慶州博物館

石窟庵
吐含山▲

佛國寺

慶州 Kolon H
佛國寺前觀光服務處
佛國寺·石窟庵區域

從佛國寺到石
窟庵的路是上
坡山路

神仙庵磨崖藥師半伽像
七佛庵廬崖石佛座像

佛國寺
불국사

往釜山

N
0 2km

A   B

觀光服務處	■慶州站前 (054)772-3843 9～18時(冬季～17時) 無 MAP P73-B1
	■高速巴士轉運站前 (054)772-9289 9～18時(冬季～17時) 無 MAP P73-B1
	■佛國寺前 (054)746-4747 9～18時 無 MAP P73-B2

石窟庵的本尊。周圍環繞著
十一面觀音菩薩和八部神眾浮雕
（圖片提供：韓國觀光局）

1 新羅佛教美術精髓 參拜石窟庵

統一新羅的宰相金大成在774年
於吐含山中所建立。將石塊堆砌
為圓頂形狀，外部以土覆蓋而成
的人工石窟，本尊釋迦如來像鎮
座其內。佛的尊顏面向太陽從東
海照出第一道曙光的方位。流露
慈愛的臉部特徵，以及柔和線條
的身形是東亞佛教美術的至寶。
雖僅能隔著保護玻璃罩參觀，但
慈愛的氛圍仍讓人深切感受。

石窟庵 MAP P73-B2
석굴암

慶州站搭10·11路巴士至佛國寺
30分，從佛國寺巴士站搭接駁巴士
20分 慶州市佛國路873-243
경북 경주시 불국로 873-243
(054)746-9933 7～17時
(視季節而異) 無 W4000

●Memo

位於慶州民俗工藝村（➡P74）的
新羅歷史科學館，以模型介紹石
窟庵的建築過程和構造。可了解
學習到玻璃罩中的石窟庵內部。
(054)745-4998 9時～18
時30分(冬季～17時30分)
無 W5000

2 在佛國寺體驗佛教的理想鄉

據說創建於751年的古剎。木造建築雖
於文祿之戰中燒燬，但躲過戰火的青
雲·白雲橋、釋迦塔和多寶塔等，新羅
的高度造形技術仍保留至今。和自然融
為一體的大伽藍，讓人親身體驗到佛國
之理想鄉。

佛國寺 MAP P73-B2
불국사

慶州站搭10·11路巴士30分 慶州市佛
國路385 경북 경주시 불국로 385 (054)
746-9913 7～18時(冬季7時30分～
17時) 無 W5000

↑前方為蓮華·七寶橋，
後方為青雲·白雲橋

●Memo

寺院擁有兩座入口，但想體
驗象徵淨土世界的構造的
話，則從正門（一柱門）進
入，依循解脫橋➡天王門➡
青雲·白雲橋前的路線參
拜。

| 毘盧殿 | 觀音殿 |
| 宗務所 法華殿址 無說殿 |
| 佛教美術館 | 雙塔 |
| 極樂殿 | |
| 鐘閣 安養門 紫霞門 毘盧樓 |
| 蓮華·七寶橋 | |

● 大雄殿
1765年重建的本殿。本
尊為釋迦牟尼佛，一旁
有彌勒菩薩（未來的
佛）和羯羅菩薩（過去
的佛），表示在此佛國淨
土上存在著過去、現在、未來的三世佛

● 多寶塔
統一新羅時代的嶄新造
型，塔的女性線條和釋
迦塔形成完美對照。基
壇的獅子像原為4座，
現今僅留有1座

● 釋迦塔
設計勻稱男性的塔身架構，
為統一新羅時代石塔的典型代
表。1966年修
建時從內部發
掘了木版印刷
的《無垢淨光
陀羅尼經》

● 青雲橋(下)·
白雲橋(上)
將人從現世導引至佛世的
橋。共計33階的石梯象
徵未達到佛的境地的數字

在慶州民俗工藝村尋找珍品

工藝村內有20座承繼傳統工藝技術的工坊，可參觀製作實況與購買工藝品。其中最為推薦紫水晶和新羅土器。由於店家業務包含批發與加工，所以價格經濟實惠。

慶州民俗工藝村 MAP P73-B2
경주민속공예촌

🚌佛國寺巴士站搭11路巴士10分，慶州民俗工藝村前下車　🏠慶州市鯷洞工藝村街40　경상북도 경주시 하동 공예촌길40　📞(054)746-7270　🕐9時～18時30分（冬季～17時）　休無

高麗紫水晶專賣店

紫水晶專賣店。紫水晶戒指和項鍊套組W400萬。也有較便宜的項鍊吊墜W15000～等商品。

新羅窯

重現復興1～10世紀新羅土器技術的柳孝雄先生的窯。也販售受到佛教國家新羅愛用的蓮花模樣瓦裝飾（左）W10000，或埴輪各W15000等實用品。

3 午餐享用當地美食蔬菜包飯

提到慶州的著名美食，便是使用葉菜類包裹白飯和小菜享用的蔬菜包飯。古墳公園東側的雞林路上有著數間的專賣店。其中一間的森浦包飯開業超過30年，為受到當地居民喜愛的老字號。美味的秘訣在於自製的調味味噌和醃沙丁魚。

森浦包飯 MAP P73-B1
삼포쌈밥

🚌慶州站步行15分　🏠慶州市雞林路20　경주시 계림로20　📞(054)749-5776　🕐11～21時　休無

↑蔬菜放上昆布、少許白飯以及醃沙丁魚後捲起來，是店內最推薦的餐點。蔬菜包飯1人份W10000

➕餐後甜點

慶州名產**皇南麵包**（MAP P73-B1）最適合作為甜點或伴手禮。紅豆餡甜度恰到好處的糕餅1個W800。

> 還有時間的話務必造訪此處！

4 前往慶州最大的古墳群古墳公園

共有新羅王朝的王族古墳大小23座分布各處，是慶州古墳群中規模最大者。除了第13代君王（262～283年在位）的味鄒（미추）王陵之外，其餘墓主皆身分不明。僅有天馬塚（천마총）內部對外開放參觀。據說建造於5～6世紀，內部構造重新再現。

古墳公園(大陵苑) MAP P73-B1
고분공원

🚌慶州站步行15分　🏠慶州市雞林路9　경주시 계림로9　📞(054)772-6317　🕐8時30分～20時　休無　💰W2000

↑古墳間設有散步道

瞻星台 MAP P73-B1
첨성대

建造於7世紀前半，以和陰曆1年天數相同的361個半的花崗岩堆砌成，東洋最古老的天文台。🚌慶州站步行20分　🏠慶州市瞻星路169-5　경주시 첨성로169-5　📞(054)772-5134　🕐9～22時（冬季～21時）　休無　💰免費

分光線、夏至和冬至　從中間窗口照射入的春分、秋分，記錄著

雁鴨池 MAP P73-B1
안압지

新羅文武王於674年建造的離宮人工池。宴會助興使用的木製骰子等出土品，展示於國立慶州博物館內的「雁鴨池館」。🚌慶州站步行20分　🏠慶州市源花路102　경주시 원화로102　📞(054)772-4041　🕐9～22時（冬季～21時）　休無　💰W2000

於宴會和會議時使用

5 國立慶州博物館旅程最終站

以考古館、美術館和雁鴨池館等3座常設館為中心，展示從先史時代至統一新羅為止超過3000個文化遺產。還有從古墳發掘而出的珍貴首飾以及佛教美術品。

↑在考古館、美術館的服務處檔櫃索取館內地圖

神年製戶外的展聖德7大王1　←年製的展示

國立慶州博物館 MAP P73-A1
국립경주박물관

🚌慶州站搭11路巴士10分　🏠慶州市日精路186　경주시 일정로186　📞(054)740-7518　🕐9～18時（週六、日及假日～19時。3～12月的週六～21時）※閉館1小時前最後入館　休週一　💰免費（語音導覽W2000）

✲釜山✲

必推景點一網打盡

分門別類
強力推薦觀光景點

特集中未提到的遺珠之憾景點，
在此以分門別類方式介紹。
娛樂場所或私房餐廳等，
欲深度遊玩釜山者絕對不容錯過。

Contents

❖ Sightseeing

觀光景點

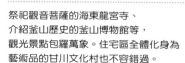

祭祀觀音菩薩的海東龍宮寺、
介紹釜山歷史的釜山博物館等，
觀光景點包羅萬象。住宅區全體化身為
藝術品的甘川文化村也不容錯過。

特集要 Check!
釜山塔…P62
梵魚寺…P70
慶州…P72

Advice 〔觀光服務處〕

金海機場服務處 MAP 別冊P2-A2
江西區機場進入路108 강서구 공항들다로108
(051)973-2800 時9～18時 休無

南浦洞綜合觀光服務處 MAP 別冊P4-B4
中區中央復中央路3 중구 광복중앙로3 (051)242-8253 時9～20時（週日、假日11～19時) 休無

釜山站觀光服務處 MAP 別冊P3-B3
東區中央大路206釜山站舍 釜山站3F 동구 중앙대로206 부산역3F (051)441-6565 時9～20時 休無

國際客運碼頭觀光服務處 MAP 別冊P3-B3
中區中壯大路24 중구 중성대로24
(051)465-3471 時8時～18時30分 休無

釜山南部 MAP 別冊P2-B3

釜山博物館
부산박물관

親眼欣賞王朝的秘寶

從石器時代的出土品到朝鮮王朝時代國寶等，展示眾多文化遺產的歷史博物館。館內寬廣所以請預留時間前往。閉館60分前最後入場。

DATA
M2號線大淵站步行10分 南區UN平和路63 부산광역시 남구 유엔평화로63 (051)610-7111 時9～20時
休週一 費免費

太宗台 MAP 別冊P2-B4

太宗台公園
태종대공원

國王極力讚賞的景色

腹地內瞭望台、燈塔和公園等的總稱。因新羅的太宗（武烈王）讚嘆此處的景而得名，實際上，景色也真的美不勝收。

DATA
M1號線釜山站搭市內巴士88路、101路或南浦站搭市內巴士8路、30路約40分 影島區天望路316 부산 영도구 천망로316 (051)405-2004 時4～24時 休無

甘川洞 MAP 別冊P2-A3

甘川文化村
감천 문화마을

享受漫步街區樂趣的區域

原為朝鮮戰爭中避難民眾移居的階梯式住宅區，2009年和2010年推動的藝術專案中化身為色彩繽紛的街區。最適合漫步其中。
（→P7）

DATA
南浦洞計程車10分
（W5000左右）
沙下區甘川2路
부산 사하구 감내2로

釜山東部 MAP 別冊P2-B4

海東龍宮寺
해동용궁사

可遠眺對馬的望景據點

眼前即是一覽無遺的大海，1376年創建的寺院。據說只要誠心祈禱願望便能實現，海內外的參拜客絡繹不絕。

DATA
M2號線海雲台站車程15分 機張區機張邑86 부산광역시 기장군 기장읍 용궁길 86 (051)722-7744 時4～19時
休無 費免費

巨濟市 MAP 別冊P2-B4

巨濟島
거제도

溫暖氣候愜意悠閒

韓國的第2大離島，行駛巨加大橋從陸路便可到達的島。周圍散布著大小不一的島嶼，可欣賞到大自然的優美景觀。作為避暑地而眾所皆知，為前往外島的玄關口。

DATA
M2號線沙上站旁西部市外巴士轉運站搭市外巴士14路80分（班距30～40分) 慶尚南道巨濟市 경상남도 거제시

巨濟市 MAP 別冊P2-B4

外島
외도

找得到罕見的植物

作為韓劇《冬季戀歌》的外景地而名聲響亮，島嶼整體為亞熱帶植物園的離島。由於島嶼為私人所有，請注意停留時間限制90分。

DATA
巨濟島(左記)搭遊覽船，需時30分 巨濟市一運面 거제시 일운면 費入島費W11000

世界遺產 景觀絕佳 必看！
~30分 所需時間30分左右 30/120 所需時間30～120分 120分以上 所需時間120分以上

◆ Gourmet ◆

美食

除了燒肉之外，著名的豬肉湯飯和
海鮮料理也不容錯過。
近年來快速增加的時尚咖啡廳和
韓式居酒屋也不妨一探究竟。

特集要 Check!
韓牛燒肉‧豬肉燒肉…P20‧22
必吃海鮮佳餚…P24
養顏美食…P28
時尚咖啡廳…P32

Advice

●免費的小菜
在餐廳點餐後附的泡菜或拌山菜等小菜（반찬）
為免費贈送，請盡情享用。幾乎所有的小菜皆能
免費續點，令人開心。

●禮儀
韓國吃飯與喝湯使用湯匙，小菜則是使用筷子，
不將碗拿起。
●酒席之上
和地位較高者飲酒時，必須將臉別過，以手遮口
喝酒為韓國的習慣。

韓國菜

✿

擁有韓國最大漁港的
釜山，使用新鮮海鮮
製作的料理豐富多
樣。此外還有豬骨高
湯的豬肉湯飯、小麥
製麵的冷麵等著名的
料理多不勝數。燒肉
的話，豬肉比牛肉還
更加便宜實惠！

南浦洞 MAP 別冊 P5-C3

螞蟻家
개미집

滿滿海中珍味的海鮮鍋

放入螃蟹和蛤蜊等約18種食材
的海鮮鍋W39000（2人份），
最後將活生生的大章魚放入鍋
中，氣勢豪
邁。海鮮湯
頭的味道入
味鮮美。

DATA
🚇Ⓜ1號線南浦站步行3分
🏠中區光復路85號街9-1 중구 광복
로85번길9-1 📞(051)246-0228
🕐9時～23時30分 🈵無

南浦洞 MAP 別冊 P5-C3

蟾津江
섬진강

河蜆湯頭美味順口

河蜆擁有豐富的肝醣能加強肝臟
機能運作，定食W8000最適合
早餐享用。
店內使用名
為蟾津江的
產地所撈捕
的河蜆。

DATA
🚇Ⓜ1號線南浦站步行3分
🏠中區光復路85號街15-1
중구 광복로85번길15-1
📞(051)246-6471 🕐7～20時（週
六、日及假日～15時）🈵無

南浦洞 MAP 別冊 P4-A4

白花烤腸
백화양곱창

奢侈享用4種新鮮的
牛腸內臟

櫃台後歐巴桑們現場燒烤牛腸的
餐廳。可嘗到豐富牛肚、大腸、
小腸和心臟的綜合拼盤W25000
（300g），Q彈的口感讓人上
癮。調味方式有鹽味和藥念醬2
種，最為推薦能嘗到肉的甜味的
鹽。使用煤球燒烤的牛肉多汁且
香氣逼人，但須注意烤肉煙味容
易沾附衣服。（→P5）

↑大蒜和鹽的簡
單調味讓人一吃
上癮
→櫃台後方在燒
烤牛腸

DATA
🚇Ⓜ1號線札嘎其站步行3分 🏠中區札嘎
其路23號街6 중구 자갈치로23번길6
📞(051)245-0105 🕐12～23時 🈵第1‧3個
週日

南浦洞 MAP 別冊 P4-A2

鍾路綠豆煎餅
종로 빈대떡

油香撲鼻的煎餅

販賣熱門的蔥煎餅、以及將用石
臼磨碎的綠豆以油煎製而成的綠
豆煎餅W7000～的專賣店。還
有放入蝦與
牡蠣的海鮮
煎餅（→P
25）。

DATA
🚇Ⓜ1號線札嘎其站步行5分
🏠中區富平2街25 중구 부평2길25
📞(051)256-4649
🕐10時30分～24時 🈵無

美食

南浦洞 MAP 別冊P4-B2

海豚豆腐鍋
돌고래순두부

牛骨湯濃厚的豆腐鍋

以33年傳統不變的美味和價格公道為傲的豆腐鍋店。因為方便好吃而受到當地居民與觀光客的廣泛支持。豆腐鍋定食W5000。

DATA
- 🚇 1號線札嘎其站步行5分
- 🏠 中區中路40號街17 2F
  중구 중구로40번길17 2F
- 📞(051)246-1825　🕐7～22時　🈚無

東萊 MAP 別冊P7-B4

新金麵食
신금분식

樸素的市場手打烏龍麵

位於市場內的攤販風格食堂。最著名的是在眼前手打的刀削麵W3000。炸醬麵W3000和紫菜飯卷W1200也很受歡迎。

DATA
- 🚇 4號線壽安站步行3分
- 🏠 東萊區東萊市場街14 東萊市場
  동래구 동래시장길14 동래시장
- 📞(051)555-4852
- 🕐9～21時　🈚第1・3個週日

西面 MAP 別冊P6-A1

松亭3代豬肉湯飯
송정3대국밥

傳承創業以來的好味道

不使用化學調味料的豬骨湯讓人嘗到豬肉的鮮美。W6000的豬肉湯飯幾乎無調味，可自行加入醃漬物和泡菜調味成自己喜愛的口味。

DATA
- 🚇 1、2號線西面站步行3分
- 🏠 釜山鎮區西面路68號街29
  부산진구 사면로68번길29
- 📞(051)806-7181　🕐24小時　🈚無

凡一洞 MAP 別冊P3-B2

馬山食堂
마산식당

清爽湯頭極受歡迎

馬山出身的女店長於1971年開設的餐廳。在以美食為題材的漫畫《食客》中被介紹而名聲遠播。最受歡迎的豬肉湯飯W6000，健康養生的美味。

DATA
- 🚇 1號線凡一站步行3分
- 🏠 釜山鎮區自由平和路19
  부산진구 자유평화로19
- 📞(051)631-6906　🕐24小時　🈚無

西面 MAP 別冊P6-A1

浦項豬肉湯飯
포항돼지국밥

創業65年的老牌豬肉湯飯

燉煮24小時的高湯和大量豬肉的豬肉湯飯W6000最受歡迎。另附上小盤的細麵，放入湯飯中讓人感到飽足感。下水湯飯W6000也可試試。

DATA
- 🚇 1、2號線西面站步行5分
- 🏠 釜山鎮區西面路68號街25
  부산진구 사면로68번길25
- 📞(051)807-5439　🕐24小時　🈚無

南浦洞 MAP 別冊P5-C3

濟州家
제주가

在釜山品嘗道地濟州島菜

能嘗到鮑魚粥W10000、成게국（海膽湯）W9000、馬頭魚定食W18000等濟州島的代表料理。從早晨便開始營業，所以也適合在此用早餐。

DATA
- 🚇 1號線凡一站步行3分
- 🏠 中區光復路5號街8
  중구 광복로5번길8
- 📞(051)246-6341　🕐7～21時　🈚無

西面 MAP 別冊P6-B2

飽餐一頓・牛肉湯飯
마니머꼬 소고기국밥

CP值高的美食

將白飯放進牛肉高湯的牛肉湯飯，能以W3000的驚人價格嘗到。辣味中帶有牛肉的鮮美，深層滋味讓人大感滿足的美味極品。

DATA
- 🚇 1、2號線西面站步行5分
- 🏠 釜山鎮區中央大路702號街27-3
  부산진구 중앙대로702번길27-3
- 📞(051)802-3395　🕐18～20時
- 🈚第2・4個週日

西面 MAP 別冊P6-A2

釜山雞肉
부산통닭

豐富蔬菜加上令人上癮的辣味雞肉讓人讚不絕口

創業40年的雞肉專賣店。放入冬粉、馬鈴薯等蔬菜和雞肉燉煮的燉雞肉W15000（2～3人份）為店內代表料理。恰到好處的辣味讓啤酒變得更好喝。不敢吃辣的人則推薦醬油燉雞。西式炸雞和韓式炸雞等熱門雞肉料理也一應俱全。餐廳24小時營業，所以也適合有點餓時或深夜吃個宵夜解解嘴饞。

↑雞肉美味進到馬鈴薯中十分好吃
➡餐廳鄰近豬肉湯飯街

DATA
- 🚇 1、2號線西面站步行5分　🏠 釜山鎮區西面路68號街38　부산진구 사면로68번길38　📞(051)806-1777　🕐24小時　🈚無

🪧需事先訂位　👔有著裝規定　📖有英文版菜單　🗣有諳英語的員工

札嘎其
MAP 別冊 P4-B4
河東生魚片
하동횟집
> 現場享用活蹦亂跳的鮮魚

位於札嘎其市場2樓的熱門餐廳。將在水槽游動的鮮魚當場製成生魚片。價格依魚的種類而異，如1kg的比目魚、鯛魚W30000～。

DATA
🚇M1號線札嘎其站步行5分
🏠中區札嘎其海安路52　중구 자갈치해안로52 📞(051)246-6341
🕐9～21時 　休第1‧3個週二

西面
MAP 別冊 P6-A2
梁山炸雞
양산꼬꼬통닭
> 品嘗宵夜美食炸雞

炸雞肉W15000（2～3人份）使用新鮮的油，外頭酥脆內層鮮嫩多汁，最搭配W3000的啤酒。店內最熱門的餐點為店家獨門炸雞！務必品嘗看看。

DATA
🚇M1、2號線西面站步行5分
🏠釜山鎮區西面路52　부산진구 사면로52 📞(051)806-1634 🕐24小時 　休無

西面
MAP 別冊 P3-B1
老龜浦之家
옛닐구포짐
> 螃蟹高湯豐富的料理

使用類似梭子蟹的螃蟹烹飪的螃蟹料理專賣店。和蔬菜一同蒸煮的燉螃蟹，以及放入大量整隻螃蟹的螃蟹湯最受到歡迎。（→P25）

DATA
🚇M1號線凡內谷站步行3分 🏠釜山鎮區荒嶺大路7號街16　부산진구 황령대로7번길16 📞(051)631-7404
🕐11時30分～21時50分（入店～21時）　休第1‧3個週日

海雲臺
MAP 別冊 P9-D4
傳說中鱈魚湯
소문난대구탕
> 肉質豐滿的鱈魚鍋

燉煮鱈魚和蔬菜的大口湯（鱈魚鍋）W10000專賣店。辛辣的辣椒湯底加上到味的鱈魚高湯，清爽的頂級滋味。

DATA
🚇M2號線海雲臺站步行15分
🏠海雲臺迎月路62號街31　해운대 달맞이길62번길31
📞(051)743-6344 🕐8時30分～22時（週六、日7時30分～）　休無

海雲臺
MAP 別冊 P9-D4
尾浦生魚片
미포 횟집
> 生魚片街的熱門店家

店內僅使用當天批貨的新鮮漁產。使用鮑魚和螃蟹等豐富食材的海物湯（海鮮鍋）W45000（2～3人份）最受歡迎。

DATA
🚇M2號線海雲臺站步行15分
🏠海雲臺迎月路62號街38 2F　해운대구 달맞이길62번길38 2F
📞(051)746-9060 🕐11時～翌2時
休無

廣安里
MAP 別冊 P8-A3
老奶奶河蜆湯
할매재첩국
> 深度滋味的河蜆味道

可嘗到滿滿河蜆營養的河蜆湯。熱賣餐點為附上石鍋拌飯和小菜的河蜆湯定食W7000。分量充足且經濟實惠。

DATA
🚇M2號線金蓮山站步行10分
🏠水營區廣南路120號街8　수영구 광남로120번길8
📞(051)751-7658 🕐24小時（第1‧3個週日～21時）　休無

廣安里
MAP 別冊 P8-A2
傳說中全州式豆芽解酒湯
소문난 전주식 콩나물해장국
> 1976年延續至今的老味道

料理美味而遠近馳名的全州式콩나물해장국（豆芽解酒湯）W5000是店內的代表料理。豆芽的爽脆口感讓人一吃上癮。店內所見的海灘風景超棒。

DATA
🚇M2號線廣安里站步行15分
🏠水營區廣安海邊路269　수영구 광안해변로269
📞(051)753-2328 🕐24小時 　休無

東萊
MAP 別冊 P7-B2
元祖傳說中手工刀削麵
원조소문난칼국수
> 登山回程者愛吃的熱門餐廳

魚乾高湯的清爽湯頭手工刀削麵W4500最受歡迎。百分之百麵粉的手打麵條，富彈性的麵條口感和湯頭可謂絕配。

DATA
🚇M1號線溫泉場站步行5分
🏠東萊區溫泉路119號街7　동래구 온천장로119번길7
📞(051)554-9106 🕐9～21時 　休無

東萊
MAP 別冊 P7-B2
耽羅黑豬肉
탐나흑돈
> 品嘗炭火燒烤的新鮮濟州黑豬肉

能品嘗濟州黑豬肉的燒肉店。僅將每日所需的肉從濟州進貨，所以能吃到新鮮又柔嫩的黑豬肉。生帶皮五花肉W9000很受歡迎。最少須點300g（2人份）。

DATA
🚇M1號線溫泉場站步行5分
🏠金井區溫泉場路133　금정구 온천장로133 📞(051)518-2250
🕐12～24時 　休無

西面市場東側有著數間豬肉湯飯餐廳匯集的街道（**MAP** P6-A1），稱為「豬肉湯飯街（→P67）」。想吃最適合作為午餐或宵夜的豬肉湯飯時，請務必來到此地。

東萊 MAP 別冊 P7-B2

東萊別莊
동래별장

品嘗傳統的韓式定食

改裝日本統治時代住宅而成的韓式定食餐廳。提供可嘗到數十種菜色的韓式定食午間全餐W30000～（1人）。

DATA
🚇①號線溫泉場站步行10分
🏠東萊區金剛路3號街12
동래구 김강로3번길12
☎(051)552-0157 🕐12～15時、18時～21時30分 🈑週一

釜山大學 MAP 別冊 P7-B1

傳統小麥冷麵
정통쑥밀면

加入艾草的特製麵條

混合麵粉和艾草做成的自製小麥冷麵W4000有著獨特的香味，令人上癮。獨家湯頭使用了數種的韓方，對身體健康有益。（→P47）

DATA
🚇①號線釜山大學站步行5分
🏠金井區釜山大學路38
금정구 부산대학로38 ☎(051)515-9337 🕐10～21時 🈑不定

寶水洞 MAP 別冊 P3-A4

鮟鱇食堂
물꽁식당

餐廳僅提供鮟鱇料理

料理生鮟鱇的專門餐廳。店裡只提供將水煮鮟鱇沾上辣椒醋味噌品嘗的水煮鮟鱇W30000（小）等3種料理。（→P25）

DATA
🚇①號線札其站步行15分
🏠中區黑橋路59號街3
부산 중구 흑교로59번길3
☎(051)241-3544 🕐9～22時 🈑無

西面 MAP 別冊 P6-A1

太和辣牛肉湯
태화육개장

老字號的辣牛肉湯專賣店

創業於1960年。招牌餐點為W7000的辣牛肉湯，24小時燉煮的牛骨湯放入牛肉碎塊和大量的豆芽菜與長蔥。想小酌一杯者建議可點白切肉W15000。

DATA
🚇①、②號線西面站步行5分
🏠鎮區새싹路21-1 부산 부산진구 새싹로 21-1 ☎(051)802-5995 🕐8時30分～21時30分 🈑第1・3個週日

南浦洞 MAP 別冊 P6-A4

南浦蔘雞湯
남포삼계탕

以濃厚湯頭為傲

將土雞和雞腳燉煮12小時而成的濃稠湯頭大受歡迎，蔘雞湯W7000的專賣店。將蔘雞湯用的一整隻雞烤得酥脆的烤全雞W15000也很推薦。

DATA
🚇①號線南浦站1號出口、札嘎其站步行3分
🏠中區南浦街16-1
중구 남포길16-1 ☎(051)245-5075 🕐10時30分～21時 🈑無

南浦洞 MAP 別冊 P6-A4

18號餛飩屋
18번 완당집

當地受歡迎的多汁軟Q餛飩

1948年創業的老字號。餐廳角落可見師傅以快速的手法製作餛飩。最受歡迎的餐點為附豆皮壽司和紫菜飯卷的餛飩套餐W9000。

DATA
🚇①號線札嘎其站步行5分
🏠中區BIFF廣場街31 부산 중구 비프광장로 31 ☎(051)245-0018 🕐10時30分～21時30分 🈑無

咖啡廳& 甜點

除了提供熱門甜點鬆餅或紅豆刨冰的店家之外，不少別具特色的咖啡廳如雨後春筍般出現於釜山。最近也出現了將傳統茶和傳統糕點改變為現代風味的咖啡廳。不妨嘗試釜山女孩們強力推薦的甜點吧。

凡一洞 MAP 別冊 P3-B2

Meal Top
밀탑

首爾的熱門店家進駐釜山

總店位於首爾的狎鷗亭。招牌的牛奶紅豆刨冰W8000，其口感滑順的冰和甜度適中的紅豆可謂絕配。在釜山不需排隊便能入店是最大的重點所在。

DATA
🚇①號線凡一站步行1分
🏠東區凡一路125 現代百貨9F
부산 동구 범일로 125 현대백화점9F
☎(051)667-2233 🕐10時30分～22時30分 🈑每月1次不定休

廣安里 MAP 別冊 P8-A3

SULBING
설빙

吐司遇上韓國麻糬的未知邂逅

吐司夾入인절미（黃豆粉麻糬），或是將떡（韓國麻糬）作成餅乾等，出乎意料的創意令人驚艷。단팥죽（紅豆粥）W5000也很受歡迎。

DATA
🚇②號線金蓮山站5號出口步行4分
🏠水營區廣南路48號街14 수영구 광남로48번길14 ☎(051)628-2083 🕐10時30分～22時 🈑無

水營
寶城綠茶
보성녹차

簡單的刨冰放鬆心情

一旁附設寶城綠茶的販賣部。大塊顆粒的刨冰淋上少許牛乳，再放上大量紅豆泥和抹茶而成的紅豆刨冰，1碗平價W2500。可選擇外帶。

DATA
🚇①1號線南川站步行2分
🏠水營區水營路394號街28
수영구 수영로394번길28
📞(051)625-5544　🕐10～22時　休無

釜山大學　MAP 別冊 P7-B1
J SQUARE
제이스퀘어

販賣學生們喜愛的麵包

可品嘗到麵包師傅手製的豐富多樣麵包的麵包店咖啡廳。白色洋房風格的店舖外觀，身處學生街但瀰漫著優雅沉穩的氛圍。櫃台上方為挑高裝潢，另外還設有2樓座位。座位數眾多且設有沙發座位能徹底放鬆，令人心情愉悅。欣賞高格調的裝潢和杯子也是一大樂趣。也別忘了一窺附設的咖啡豆販賣部。（→P47）

↑塔W7800～
大受歡迎
→有如甜點的麵包

DATA
🚇①1號線釜山大學站步行7分　🏠金井區金井路94　금정구 금정로94　📞(051)515-0219　🕐11時～22時30分　休無

居酒屋&酒吧

❀

想度過歡樂愉悅的釜山夜晚，就不能忘了小酌一杯。好喝順口、養顏美容的韓國米酒最適合女子聚會飲酌。除了販售高品質韓國米酒的專賣店外，價格合理的居酒屋也極受歡迎。多喝幾間也無妨!?

南浦洞　MAP 別冊 P4-A3
月暈
달마루

自製的東東酒廣受歡迎

充滿著懷舊氣氛，週末夜晚當地居民擠得水泄不通的民俗居酒屋。自製東東酒W7000帶有發酵食品獨特的甜味和酸味。還有辣炒血腸W13000也是必點料理。

DATA
🚇①1號線札嘎其站步行3分
🏠中區光復路6號街7-1
중구 광복로6번길7-1　📞(051)247-9555　🕐17時～翌4時　休無

南浦洞　MAP 別冊 P6-A4
多謝關照
덕분에

以韓國米酒調製雞尾酒

不使用甜味劑，僅以酒精和麥芽引出甜味的韓國米酒為最大特色。搭配奇異果和覆盆子等水果調製的韓國米酒雞尾酒W10000，順口易飲而受到女性們高度歡迎。

DATA
🚇①1號線札嘎其站步行3分　🏠中區光復中央路33號街13　중구 광복중앙로33번길13　📞(051)246-7022　🕐16時～翌1時　休無

南浦洞　MAP 別冊 P5-C2
細雨之家
실비집

當地人絡繹不絕的老牌居酒屋

位於巷弄內的居家風居酒屋。招牌料理為쭈꾸미구이（烤小章魚）W12000，吃過一次便難忘滋味。店門口以鐵網燒烤的香味，瀰漫周邊久久不散。

DATA
🚇①1號線中央站步行3分
🏠中區海關路22-8
중구 해관로22-8　📞(051)245-6806
🕐11時30分～22時30分　休週日

廣安里　MAP 別冊 P8-A3
PASTA FARM
파스타팜

眺望大海享用雞尾酒

眼前可見一片廣闊的藍色海灘和夜間點燈的廣安大橋，景觀著侈豪華的義大利麵酒吧。還設有能吹拂海風的戶外座位。

DATA
🚇②2號線廣安站步行15分　🏠水營區廣安海邊路199 Beach Bikini 3F　수영구 광안해변로 199 Beach Bikini 3F　📞(051)757-5777　🕐11時～翌4時　休無

東萊　MAP 別冊 P7-B2
虛心廳Brau
허심청브로이

以自製的啤酒乾杯！

位於溫泉設施虛心廳（→P55）1樓的啤酒專賣店。以德國製的機械自行釀造皮爾森和小麥啤酒等啤酒。

DATA
🚇①1號線溫泉場站步行7分　🏠東萊區金剛公園路20號街23　동래구 금강공원로20번길23　📞(051)550-2345　🕐16時～翌2時（週日～翌1時）　休無

購物 ✦ Shopping

從販賣商品包羅萬象的大型店鋪
到特色時尚流行商店,
熱門品牌應有盡有。
物美價廉令人能愉悅血拚購物。

特集要 Check!

流行先端街道	…P38
低價化妝品	…P40
釜山大學區域巡遊	…P46
2大免稅店	…P51

Advice

● 百貨公司
進駐百貨公司的名牌商品大多高貴不貴,讓人能
以划算的價格盡情購物。百貨公司地下街的食品
商店,最適合添購給重要親朋好友的伴手禮。

● 時尚&化妝品
店鋪大多匯集於中心部的南浦洞周邊。刺激女性
購物慾望的化妝品、皮包和鞋子等不容錯過。
● 購物秘訣
最近的商店比起降價,附贈商品的方式更加流
行。請注意大多店家不接受殺價。

南浦洞　**MAP** 別冊 P5-C3

樂天百貨公司光復店
롯데백화점 광복점

南浦洞的新地標建築

2010年開幕後,大批顧客車水
馬龍的大型購物中心。百貨公司
地點便利,鄰近釜山港且直通南
浦站。可遠眺大海高山的瞭望
台、噴水秀和各國料理餐廳等娛
樂設施豐富多元。除了國內品
牌,海外名牌也一應俱全。也推
薦在此添購高級韓國糕點和有機
食品等高品質的食品伴手禮。

→擁有眾多休閒品牌
→百貨地下街購買伴手禮

DATA
🚇M直通1號線南浦站　🏠中區中央大路2
중구 중앙대로2　📞(051)678-2500
🕐10時30分～20時(週五～週日為～21時)
🚫每月1次不定休

南浦洞　**MAP** 別冊 P5-C3

釜山百貨
부산데파트

釜山頂尖的老字號百貨

釜山從往昔便名聞遐邇的老牌百
貨。販賣人蔘等豐富多樣的特產
品,所以也
適合添購簡
單的伴手
禮。

DATA
🚇M1號線南浦站步行3分
🏠中區中央大路29號街3
중구 중앙대로29번길3
📞(051)246-0131　🕐8～20時
🚫第1・3個週日

南浦洞　**MAP** 別冊 P5-C3

光復地下購物中心
광복지하쇼핑센터

內駐餐廳的大型地下街

從地鐵中央站延伸至南浦站約
100m的大型地下街。除了為市
民的休憩場所之外,中央站方面
還匯集了眾
多當地民眾
前往用餐的
餐廳。

DATA
🚇M直通1號線南浦站、中央站
🏠中區中央大路地下街
중구 중앙대로 지하상가
🕐視店鋪而異

南浦洞　**MAP** 別冊 P4-A4

農協Hanaro Mart
농협 하나로마트

買食品伴手禮請來此

鄰近札嘎其站、當地色彩濃厚的
超市。由於為農協所經營,所以
能以平價購買到安全的食材。調
味料等商品
也一應俱
全,令人開
心。

DATA
🚇M1號線札嘎其站步行1分
🏠中區九德路73　중구 구덕로73
📞(051)250-7700
🕐8～23時　🚫第2・4個週日

南浦洞　**MAP** 別冊 P5-C4

錦山高麗人蔘
금산고려인삼

購買有益健康的韓方

主要販售人蔘W50000～、紅蔘
(將人蔘帶皮蒸過後乾燥而成)
W40000
～、以及蜂
蜜等韓國特
產品的專賣
店。

DATA
🚇M1號線南浦站步行2分
🏠中區大宗路4-2
중구 태종로4-2
📞(051)246-3160　🕐9～19時
🚫第1・3個週日

南浦洞　　MAP 別冊 P5-C3

永豐文庫
영풍문고

全國連鎖的大型書店

販售書本、CD、DVD和文具等商品的大型書店。購買書籍前，可先於店內悠閒閱讀，休閒放鬆的氣氛廣受顧客歡迎。K-POP的唱片賣場有著眾多台灣未發售的作品。韓國的DVD區域碼和台灣同為3，所以能安心購買觀賞。同時販售不少台灣日本翻譯成韓文的小說與漫畫，稍加翻閱也樂趣無窮。

↑→商品分門別類展示，讓人方便尋找

DATA
🚇M1號線南浦站即到　🏠中區中央大路2　중구 중앙대로2
📞(051)678-4100　🕐10時30分～22時　📅每月1次不定休

南浦洞　　MAP 別冊 P5-C3

我們的世界
우리세계

販售各式布類商品

販售韓國傳統的手工藝品。W3000～的束口袋等女性用的商品特別齊全，最適合在此選購伴手禮。大量採買也價格划算。

DATA
🚇M1號線南浦站步行3分
🏠中區中央大路21　중구 중앙대로21
📞(051)257-8430　🕐10～20時
📅週日

南浦洞　　MAP 別冊 P4-A2

申榮
신영

經濟實惠的髮飾配件

在國際市場當中尤以價格實惠聞名，主要販售髮飾的飾品專賣店。使用水鑽的人氣閃亮飾品W30000～。

DATA
🚇M1號線札嘎其站步行9分
🏠中區中區路42　중구 중구로42
📞(051)242-9651
🕐9～19時　📅無

南浦洞　　MAP 別冊 P4-A2

向日葵食品
해바라기식품

熱銷伴手禮一字排開

除了店內獨家商品天然韓國海苔W3000～和醃漬品W15000（350g）之外，還有傳統工藝品和化妝品等，販售豐富多樣台灣人也喜愛的伴手禮。

DATA
🚇M1號線札嘎其站步行7分
🏠中區光復路35號街13　중구 광복로35번길13
📞(051)245-4521　🕐9～20時　📅無

西面　　MAP 別冊 P6-A2

JUDIES Taehwa
쥬디스태화

以豐富商品內容為傲

西面屈指可數的時尚大樓。分為本館和新館，進駐購物、美容和餐廳等各式店鋪。

DATA
🚇M1、2號線西面站步行5分
🏠釜山鎮區中央大路694　부산진구 중앙대로694
📞(051)667-7000　🕐視店鋪而異
📅第2・4個週日

西面　　MAP 別冊 P6-B3

Zioplace
지오프레이스

購物遊玩兩相宜

販售便宜服飾和雜貨的購物大樓。1樓為Zioplace，其餘樓層有美容沙龍、餐廳和電影院等設施。

DATA
🚇M1、2號線西面站步行10分
🏠釜山鎮區洞天路4
부산진구 동천로4　📞(051)803-4402
🕐11～22時 ※ 視店鋪而異
📅不定休

西面　　MAP 別冊 P6-A1

大賢Primall
대현프리몰

便宜可愛商品多不勝數

以時尚商品為主的袖珍店鋪約350間雲集的地下街商業城。販售可愛迷人且價格實惠的流行商品。有帽子、鞋子和皮包等滿滿的寶物可供挖掘。除了流行服飾之外，還有低價化妝品與電子器材等商家進駐，即使下雨也能享受一整天的購物樂趣。商店街上設有休息場所和銀行，令人能放心地血拚購物。

↑受當地人歡迎的購物去處
→流行商品應有盡有

DATA
🚇M直通1、2號線西面站　🏠釜山鎮區中央大路786　부산진구 중앙대로786
📞視店鋪而異　🕐視店鋪而異（11～22時左右）　📅第1個週二

樂天地下商街
롯데지하상가

樂天百貨直通的地下街

連結樂天百貨公司的寬敞地下街。除了ARITAUM和ETUDE HOUSE等化妝品店外，還有Le Bunny Bleu等在台灣也受歡迎的店家。

DATA
直通1、2號線西面站
釜山鎮區釜田路95번街35
부산진구 부전로95번길35
視店鋪而異

E MART TRADERS
이마트 트레이더스

低價格的大型批發店

E MART的倉庫型店鋪。進貨大量商品並販賣，所以能以更低廉的價格購得商品。多人合購一整箱商品也是不錯的選擇。

DATA
1、2號線西面站車程5分
釜山鎮區市民公園路31
부산 부산진구 시민공원로 31
(051)718-1234　10～23時
第2・4個週日

LeSportsac

備受矚目的韓國限定商品

全世界大受歡迎的品牌LeSportsac，於樂天百貨公司2樓販售韓國限定圖案的商品，不容錯過！同建築的8樓還設有免稅店，適合採購伴手禮。

DATA
1、2號線西面站步行1分　釜山鎮區伽倻大路772　부산전구 가야대로772　(051)810-4316　10時30分～20時　同樂天百貨公司

Mega Mart 東萊店
메가마트 동래점

品項豐富的大型超市

從東萊區域前往交通方便。食品和生活用品等販售商品豐富多樣，也設有用餐空間。超市營業至深夜3時。

DATA
1、4號線東萊站步行2分
東萊區忠烈大路197
부산 동래구 충렬대로 197
(051)550-6000　8時～翌3時
第2・4個週日

SfunZ
스펀지

受到年輕人熱烈歡迎的時尚大樓

一到週末當地的年輕人便摩肩擦踵前往的綜合時尚大樓。除了服飾、皮包、鞋子等流行商品外，還有販售CD&DVD的書店、各式餐廳以及電影院。流行相關的店鋪大多為鎖定十幾歲至二十幾歲年齡層的品牌。1樓設有名為「和平空間」的休息區，可供購物疲累時休憩片刻。

↑能看到最新作品的電影院
➡鄰近於海雲臺站，最適合住宿海邊飯店者前往

DATA
2號線海雲臺站步行3分　海雲臺區海雲臺路648　해운대구 해운대로648
(051)740-0800　11～22時　無

Home plus
홈플러스

能划算地購物血拼

方便購物的大型超市。購買一樣便附贈一樣的1+1優惠商品不容錯過。如有忘記購買的伴手禮，都可在此解決，是觀光客的好幫手。鄰近車站交通方便。

DATA
2號線Centum City站步行2分
海雲臺區Centum東路6
부산 해운대구 센텀동로 6　(051)709-8000　9～24時　第2・4個週日

E Mart海雲臺店
이마트 해운대점

韓國的代表性大型超市

不論是當地居民或觀光客，眾多顧客光顧的7層樓大型超市。販售生活雜貨、流行服飾和食品等包羅萬象的商品，也適合添購伴手禮。

DATA
2號線中洞站步行1分　海雲臺區左洞循環路511　부산 해운대구 좌동순환로 511　(051)608-1234
10～24時　第2・4個週日

現代百貨
현대백화점

高級品牌齊聚一堂

擴店至全國各地的高級百貨公司。販售生活用品和世界一流的品牌商品等，種類豐富應有盡有。

DATA
1號線凡一站步行1分
東區凡一路125
부산 동구 범일로 125
(051)667-2233　10時30分～20時　每月1次左右不定休

❖ Beauty&Night Spot

美容&夜間娛樂

在美容&美甲沙龍中改造自己，
目標化身為韓國美人。
想消除旅途的疲累，就在酒吧或攤販街等
夜間娛樂景點，沉溺於釜山的夜晚吧。

特集要 Check!	蒸氣房…P54・56
	韓國按摩…P58
	夜間娛樂據點…P36

Advice

●按摩

旅途出乎意料地肌容易疲憊，此時推薦的是能輕鬆
前往的按摩店鋪。換膚或皮膚調理等，多樣護膚
項目可供選擇的美容沙龍也別具魅力。選擇適合
自己的美容項目讓人煥然一新。

●賭場

雖無規定須盛裝打扮入場，但某些賭場不可穿著
拖鞋或戴有帽沿的帽子入內。領取飲料和大賺一
筆時別忘了給予小費。

●俱樂部

請攜帶護照前往以便確認年齡。

美容& 按摩

對於美有執著堅持的韓
國，頂級的美容沙龍因
著越效果而廣受好評。
服務項目包括臉部、身
體和足部護理，能解決
全身的困擾毛病。在購
物空閒之際能前往的按
摩也極受歡迎。作為給
自己的犒勞吧。

西面　　　MAP 別冊 P6-A2

shallot esthetic
샬롯에스테

打造美肌的按摩技術

擅長按摩的美容沙龍。擁有美白
和抗老效果
的臉部按摩
廣受歡迎。

DATA
地M1、2號線西面站步行3分
釜山鎮區釜田路63
부산진구 부전로63
(051)816-5888　10時30分～23時
（21時30分最後入店）　無
C項目W13萬5000（80分）

凡一洞　　　MAP 別冊 P3-B2

JB sea
조방해수탕

釜山廣獲好評的優良水質

浴場使用含鎂成分的天然海水。
設有傳統汗蒸幕、溫室房和黃土
房等充足的
設施。

DATA
地M1號線凡一站步行8分
釜山鎮區自由平和路37號街15-19
부산진구 자유평화로37번길15- 19
(051)645-0005
4～23時　無
入場費W6500

西面　　　MAP 別冊 P6-A1

MUSE NAIL
뮤스네일

可愛裝潢氛圍極受歡迎

使用不造成肌膚負擔的天然素
材。提供彩繪指甲搭配護理套裝
W33000等
項目，安心享
受安全的彩
繪過程是店
內的宗旨。

DATA
地M1、2號線西面站步行2分
釜山鎮區伽倻大路784號街3
부산진구 가야대로 784번길3
(051)819-4002　10時30分～22時
30分（週日～21時）　無
指甲彩繪W22000~

西面　　　MAP 別冊 P6-B2

Hercyna
헤르키나

美膚美女的私房沙龍

以身體&臉部保養為主的美容沙
龍。提供獨特且豐富的保養項
目，依個人狀況而使用不同藥劑
與肌膚護理項目。最為擅長的是
依膚質狀況而提供的換膚療程。
堅決不使用對肌膚會產生副作用
的產品，毫無刺激與疼痛感令人
放心。換膚療程使用海藻等考慮
到肌膚負擔性的嚴選成分，能縮
小毛孔並達到美白效果。護理室
空間寬敞潔淨。

↑海藻精華填充
毛孔後敷上面膜
→寬敞的美容間

DATA
地M1、2號線西面站步行5分　釜山鎮區中
央大路680號街33-7　부산진구 중앙대로680번
길33-7　(051)645-1471　9～21時
週日　海藻換膚W15萬（90分）

美容&夜間娛樂

西面 | MAP 別冊 P6-A2

Candy Aesthetic
캔디에스테틱

具有小臉和排毒效果

有著居家氣氛和低廉價格而受到高度歡迎的美容沙龍。小臉項目W10萬之外，還有全身護理W15～20萬等項目。

DATA
1、2號線西面站步行5分
釜山鎮區釜田路66號街20
부산진구 부전로66번길20
(051)806-9300　10時～21時30分
（週六～21時）　週日

南浦洞 | MAP 別冊 P4-B3

Nail & Co.
네일앤코

經濟實惠的美甲服務

可愛的店外觀為最大特色。雖是僅有3～4座位的袖珍店家，但細心的服務受到觀光客的高度好評。基本項目（護甲＋彩繪）W15000～。

DATA
1號線南浦洞站步行7分
中區24號街24　중구로24번길24　(051)244-6004　11時～21時30分　週日

影島 | MAP 別冊 P2-B4

太宗台溫泉
태종대온천

有益健康的鹽分溫泉

當地居民前往的鹽分溫泉。除了金字塔浴池和露天浴池之外，鍺、炭、鹽和黃土等三溫暖種類也十分豐富。

DATA
1號線釜山站搭88路、101路巴士20分　影島區太宗路808
영도구 태종로808　(051)404-9001～3　24小時（溫泉4～24時）
無　溫泉泡湯和蒸氣房W8000（21時～翌6時、週六日和假日為W9000）

廣安里 | MAP 別冊 P8-A3

Homers
호메르스

面對廣安大橋的溫泉設施

位於廣安里海灘沿岸飯店內的設施。4樓為女性、6樓為男性專用的三溫暖，5樓則是健身中心。

DATA
2號線廣安里站步行10分
水營區廣安海邊路217
수영구 광안해변로217
(051)750-8000　6～24時
無　W9000

南浦洞 | MAP 別冊 P4-B2

natura esthe
나투라에스테

服務周到盡心的美容沙龍

以最新設備和熟練的美容師提供服務為傲。美顏&全身精油按摩W70000（90分）等項目。也有腰部等局部的服務項目。

DATA
1號線南浦洞站步行8分
中區光復中央路12 3F
중구 광복중앙로12 3F
(051)257-8627　10～22時
無

夜間娛樂

❖

釜山熱門的夜晚娛樂去處多不勝數！包含當地年輕人愛去的電影院，以及推薦給觀光客的夜景行程等，盡情享受玩樂釜山的美麗夜晚。別忘了輕鬆挑戰國外才有的正統賭場。

西面 | MAP 別冊 P6-A1

Seven Luck Casino
세븐럭 카지노

初次體驗也能享樂的賭場

不分男女老少皆能遊玩，開放氛圍的賭場。初次體驗者會有中文的說明。由於位於樂天飯店內故交通便利。
（→67）

DATA
1、2號線西面站步行5分
釜山鎮區伽倻大路772
부산진구 가야대로772　(051)665-6000　24小時　最小賭金W100～※未滿19歲不可入場

市內 | MAP 別冊 P3-A3

釜山觀光巴士
夜景路線
시티버스투어

搭乘巴士輕鬆欣賞夜景

行駛釜山夜景路線的觀光巴士。可於絕佳觀景地點下車10分欣賞絕美夜景。

DATA
1號線釜山站前發抵
(051)464-9898、從韓國觀光局(051)1330（可說中文）也能預約
週一（逢假日則週二）
W15000（持當日高速鐵道KTX車票者W12000）

Centum City | MAP 別冊 P8-B4

電影的殿堂
영화의전당

釜山國際電影節的專用劇場

作為釜山國際電影節的劇場而開設的釜山新地標。電影節舉辦期間外還會上映一般電影與戲劇表演。夜晚的點燈更是必看。

DATA
2號線Centum City站步行10分
海雲臺區水營江邊大路120
부산광역시 해운대구 수영강변대로120
(051)780-6000
僅限電影上映時

　 需事先訂位　 有英文版菜單　有諳英語的員工

✤ **Hotel** ✤

飯店

從建於海灘沿岸的度假型飯店，
一直到商務客住宿的經濟飯店等，
釜山擁有各式各樣的飯店。
甚至有世界遺產都市中的飯店。

> **掌握不同區域的特徵吧！**

> 南浦洞附近大多為商務飯店或價錢合理的飯店。西面除了高級飯店外也有經濟型的飯店。海雲臺則是度假型飯店林立。

Advice

●**房間備品**
為了環保，大多數飯店的牙膏牙刷盥洗用品需另行付費，故建議自行攜帶前往。部分飯店無洗髮精和潤髮乳，也建議自行備妥較安心。

●**飯店的等級**
共有5個等級，以韓國國花木槿數目表示，特1、2級為5朵、1級為4朵、2級為3朵、3級為2朵。設立9部門滿分1000分的評價標準，900分以上為特級。自2015年1月起，已開始實施新的評價措施，預計2018年後將全面改為國際星級制度和標示。

南浦洞　MAP 別冊P6-A4

釜山鳳凰酒店
호텔피닉스
Hotel Phoenix

位置鄰近札嘎其市場

全部客房能欣賞到釜山夜景的中級飯店。設有西餐、韓國菜等各式餐廳和咖啡廳。可免費使用網路連線。

DATA
◎M1號線南浦站步行5分
⌂中區九德路54-1
　중구 구덕로54-1
☎(051) 245-8061
⑤⑧⑦W80000～　107室

南浦洞　MAP 別冊P5-C2

釜山觀光飯店
부산관광호텔
Busan Tourist Hotel

鄰近釜山塔的絕佳位置

從南浦站前往交通便利，且服務頂級而廣受好評，有許多海外觀光客。全客房可免費使用網路連線。

DATA
◎M1號線南浦站步行5分
⌂中區光復路97號街23
　중구 광복로97번길23
☎(051)241-4301　⑤⑧⑦W18萬～　275室

釜山站　MAP 別冊P3-A3

釜山阿里郎觀光飯店
부산아리랑관광호텔
Busan Arirang Tourist Hotel

海外住宿者眾多

有會說英文的櫃台人員，故無需擔心語言溝通問題。房間內可收看一部分的海外頻道。全客房可免費使用網路連線。

DATA
◎M1號線釜山站步行1分
⌂東區中央大路196號街8
　동구 중앙대로196번길8
☎(051) 463-5001　⑤⑧⑦W80000～　120室

中央洞　MAP 別冊P3-A4

東橫INN 釜山站2號店
토요코인 부산역2
Toyoko inn Busan Station2

附免費早餐令人滿意

日本跨國經營的連鎖商務飯店。精簡的客房最適合商務客或單身旅客住宿。附贈免費早餐。

DATA
◎M1號線中央站步行5分
⌂東區中央大路125　동구 중앙대로125
☎(051)442-1045　⑤⑧
W50000～　⑦W60000～　491室

釜山站　MAP 別冊P3-A4

附上將軍酒店
호텔코모도
Hotel Commodore

韓國王宮的傳統建築美繽紛妝點

位於適合觀光的交通位置，模擬朝鮮王朝王宮的特殊外觀十分引人注目。大廳和飯店內各處皆有異國風味的裝飾擺設。除了標準房型外，還有附設溫突的大套房。除了提供各國菜式的餐廳外，還有販賣陶瓷器的伴手禮店。可免費使用網路連線（Wi-fi）。

↑矗立於高台上　外觀模擬龜甲船的飯店 ➡豪華獨特的大廳裝潢有如寺院般的彩絢爛

DATA
◎M1號線釜山站步行10分
⌂中區中央路151　동구 중앙로151
☎(051) 466-9101　⑤⑧⑦W10萬～　314室

西面

MAP 別冊 P6-A1

釜山樂天飯店
부산롯데호텔
Busan Lotte Hotel

釜山頂尖的最高級飯店

內設購物中心、免稅店、品嘗各式料理的餐廳、酒吧等設施的大型飯店。W25萬起的行政套房除了有美式風格早餐外，還可使用提供飲品和各式服務的行政套房Lounge。飯店可免費使用網路連線。2016年1月～2017年5月期間，低樓層進行施工改裝。

↑豪華套房位於高樓層，景色絕佳 ➡中國菜餐廳「桃林」等，各國料理餐廳豐富多樣

DATA
㉍Ⓜ直通1、2號線西面站 釜山鎮區伽倻大路772 부산전구 가야대로772
☎(051) 810-1000 W24萬～ 650室

西面

MAP 別冊 P6-B1

東橫INN 釜山西面
토요코인 부산서면
Toyoko inn Busan Seomyeon

設備精簡方便的客房

位於距離車站步行5分的位置，適合喜歡購物或享受美食的住宿客。設有投幣式洗衣機，也適合長期住宿者。

DATA
㉍Ⓜ1、2號線西面站步行5分 釜山鎮區西田路39 부산전구 사전로39 ☎(051)638-1045 W58300～ 308室

西面

MAP 別冊 P6-B2

天使飯店
엔젤 호텔
Angel Hotel

適合喜愛購物者住宿

價格實惠的商務飯店，距離樂天百貨和西面市場極近。簡單的客房讓人能舒適住宿。

DATA
㉍Ⓜ1、2號線西面站步行10分 釜山鎮區中央大路692號街46-7 부산전구 중앙대로692번길46-7
☎(051)802-8223 W50000～Ⓣ W65000～ 57室

凡一洞

MAP 別冊 P3-B2

國際飯店
호텔국제
Hotel Kukje

高格調的沉穩住宿空間

飯店內部統一以白色為基調，氣氛沉穩。頂層的餐廳可享受到絕佳的風景。可免費使用網路連線。

DATA
㉍Ⓜ1號線凡一洞站步行5分 東萊凡一路90號街17 부산 동구 범일로90번길17 ☎(051)642-1330 W12萬～ 130室

海雲臺

MAP 別冊 P9-D2

伊露娜酒店
호텔일루아
Hotel ILLUA

現場演奏廣受好評

能遠望海灘的客房，裝潢為乾淨整潔的白色基調。餐廳的現場音樂演奏因高水準而大獲好評。可免費使用無線網路。

DATA
㉍Ⓜ2號線海雲臺站車程10分 海雲臺區迎月路97 해운대 달맞이길97 ☎(051)744-1331 W13萬3000～ 57室

海雲臺

MAP 別冊 P9-C4

釜山諾富特大使飯店
노보텔 앰배서더 부산
Novotel Ambassador Busan

沉醉於度假生活

設有寬敞家庭套房的度假飯店，可徹底享受受假氣氛。全客房可免費使用無線網路，十分方便。

DATA
㉍Ⓜ2號線海雲臺站步行6分 海雲臺區海雲臺海邊路292 해운대구 해운대해변로292 ☎(051)743-1234 W39萬～ 326室

海雲臺

MAP 別冊 P9-C2

釜山威斯汀朝鮮酒店
부산 웨스틴조선
Busan Westin Chosun

以絕美景觀為傲的高級度假飯店

佇立於面對水營灣的海灘上，住宿期間能欣賞到絕美景致的高級飯店。客房內統一為簡單的裝潢，兼具舒適的天然風格和機能性。網路環境功能完善。館內設有正宗的愛爾蘭酒吧，能享受到愛爾蘭樂團的現場演奏。可免費使用網路連線。

↑眼前一片廣闊的白砂海灘 ➡淋浴間獨立的行政套房

DATA
㉍Ⓜ2號線冬·柏站步行10分 海雲臺區柏路67 부산광역시 해운대구 동백로 67 ☎(051)749-7000 W45萬～ 290室

海雲臺
釜山天堂酒店
파라다이스 호텔 부산
Paradise Hotel Busan
MAP 別冊 P9-C4

象徵釜山度假飯店的摩登高級飯店

面對海雲臺海灘的高級飯店。紐約設計公司所設計的客房帶有摩登的印象。購物中心、餐廳、使用天然溫泉的三溫暖和SPA等設施一應俱全。設有能穿泳衣的露天溫泉，很受台灣人的歡迎。可免費使用無線網路，令人開心。

→改裝後化身為摩登風格的本館

↑本館的標準雙床房

DATA

交M2號線海雲臺站步行10分
住海雲臺區海雲臺海邊路296
해운대구 해운대해변로296
☎(051)742-2121
金⑤①W36萬～　528室

海雲臺
海雲飯店
씨클라우드
Seacloud
MAP 別冊 P9-C4

最適合長期住宿

飯店客房內設有廚房和洗衣機，為釜山最早的公寓式客房。可免費使用網路連線。

DATA

交M2號線海雲臺站步行10分
住海雲臺區海雲臺海邊路287
해운대구 해운대해변로287
☎(051)933-1000
金⑤①W33萬～　416室

海雲臺
海雲臺格蘭飯店
해운대그랜드호텔
Haeundae Grand Hotel
MAP 別冊 P9-C2

豐富的運動設施讓住宿期間充滿樂趣

設有健身房、慢跑道、50m的游泳池、高爾夫練習場等各式運動設施。為地上22層，地下5層的巨大飯店。4樓的溫泉場有可容納1000人同時泡湯的天然溫泉大浴場，還有藥草浴和三溫暖等，令人滿意。客房內為粉嫩色調，充滿羅曼蒂克的氣氛。可免費使用網路連線。

↑設有流動的人工瀑布，挑高設計的寬敞大廳
→海雲臺最顯眼的高樓飯店。屋頂有直升機停機坪

DATA

交M2號線海雲臺站步行12分
住海雲臺區海雲臺海邊路217　해운대구 해운대해변로217
☎(051)740-0114
金⑤①W30萬～　321室

Centum City
海雲臺山泉酒店
해운대센텀호텔
Haeundae Centum Hotel
MAP 別冊 P8-B4

商務客利用者眾

由於鄰近車站，所以新世界Centum City和Home plus步行可到。距離釜山展覽與會議中心也近，所以適合商務客住宿利用。能欣賞到海灘的夜景。

DATA
交M2號線Centum City站步行2分　住海雲臺區Centum3路20　부산 해운대구 센텀3로20
☎(051)720-9000
金⑤①W35萬～　543室

東萊
農心飯店
호텔 농심
Hotel Nongshim
MAP 別冊 P7-B2

客房內也能享受溫泉

客房內的浴池提供溫泉水，是溫泉地的專屬享受。自然色調統一的房間裝潢，寬敞空間能令人心情放鬆。

DATA
交M1號線溫泉場站步行5分
住東萊區金剛公園路20號길23
동래구 금강공원로20번길23
☎(051)550-2100
金⑤①W36萬～　240室

慶州
慶州希爾頓酒店
경주힐튼호텔
Gyengju Hilton
MAP P73-B1

適合慶州觀光的飯店

位於高級飯店雲集的度假區，因眾多的海外名媛曾住宿過而一躍成名。作為人氣韓劇的外景地也很有人氣。可免費使用無線網路。

DATA
交慶州站搭10路巴士約40分
住慶州市普門路484-7
경북 경주시 보문로 484-7
☎(054)745-7788
金①W27萬～　324室

慶州
現代慶州
현대 경주
Hotel Hyndai Gyengju
MAP P73-B1

最推薦櫻花季時入住

聳立於賞櫻勝地普門湖湖岸的大型飯店。標準型客房也有超過30㎡的面積適合家族入住。豐沛的自然綠意令人心情愉悅。

DATA

交慶州站搭10路巴士約40分
住慶州市普門路338
경북 경주시 보문로 338
☎(054)748-2233
金①W15萬～　440室

釜山市內交通

遊逛方式的重點提醒

掌握3個重點，安全且順暢地移動各地！

交通規則相似也不能掉以輕心！？

韓國和台灣同樣處於亞洲，而且距離接近。地鐵（捷運）、市內巴士和計程車等公共交通工具系統也極為相似，即使是初次拜訪韓國的旅行者也能立即習慣搭乘方式。韓國的行車方向大致和台灣相同，車輛靠右側行駛，行人則是靠左側行走。但雖說交通規則相似，畢竟身處異國，過馬路時還是須注意自身安全。

道路標示繁多，也用韓文以外的語言標示

即使是觀光客也能輕鬆搭乘地鐵

確認地鐵的出口周邊地圖！

韓國的大都會大多擁有完善的地下道規劃，釜山也不例外，特別是中央路和九德路這樣車道寬闊、不利用地下道便無法橫越馬路的地方不少。但若走錯出口的話，可能會到達意想不到的地方。幾乎所有的地下道和地鐵站的出口處皆標示著周邊地圖，走上地面前請務必事先確認方向。

周邊地圖同時以韓文和英文標示。部分地圖還標有漢字

聰明分別利用地鐵和計程車

縱橫穿梭釜山中心區域的地鐵系統由於簡單好懂，旅行者也能立即習慣搭乘方式。相較於其他大都市，釜山的計程車費用較低，能直接前往目的地是其最大魅力所在。如何聰明地將這兩種交通工具分別或是組合使用，是在釜山快速移動的最大訣竅。但平日的17～19時為下班的尖峰時刻，市中心屆時將交通堵塞，欲搭乘計程車請多加留意。

便宜的計程車對旅行者而言難能可貴

地鐵車站內的洗手間普遍明亮乾淨

交通速查表

出發地	前往南浦洞
南浦洞出發（→P62）	南浦洞的最近站 1號線南浦站
西面出發（→P66）	搭1號線前往南浦站16分
海雲臺出發（→P68）	搭2號線至西面站34分，轉搭1號線前往南浦站16分
釜山站出發	搭1號線前往南浦站4分
東萊出發（→P70）	搭1號線前往南浦站27分
老圃洞出發（直通釜山綜合巴士轉運站）	搭1號線前往南浦站43分

主要交通工具

前往主要景點以地鐵最為方便！

交通工具	費用	行駛時間	須避開的時間帶	Hanaro卡使用
地鐵	1區間10km以內（10站左右）W1200。2區間10km以上W1400。1日券W4500。	早晨5時30分左右～深夜24時左右。依時間帶和路線有所不同，班距約5～10分。	平日早晨7時30分左右～9時左右的通勤尖峰時刻人潮擁擠。女性盡量避免凌晨和深夜獨自搭乘。	○ 可使用
計程車	模範計程車起跳3km以內W4500。一般計程車起跳2km以內W2800。	24小時。市中心有數量眾多的路上計程車。地鐵最後一班電車開走後不容易招到計程車。	市中心平日的17～19時左右道路壅塞。利用時須預留充沛時間。	△ 部分計程車可使用
市內巴士	車費統一，一般巴士W1300、座席巴士W1800。	5時30分左右～23時30分左右。	和地鐵相同，平日早晨7時30分左右～9時左右的通勤尖峰時刻人潮擁擠。	○ 可使用

前往西面	前往海雲臺	前往釜山站	前往東萊	前往老圃洞（直通釜山綜合巴士轉運站）
搭1號線前往西面站16分	搭1號線至西面站16分，轉乘2號線前往海雲臺站34分	搭1號線前往釜山站4分	搭1號線前往東萊站27分	搭1號線前往老圃洞43分
西面的最近站 M1、2號線西面站	搭2號線前往海雲臺站34分	搭1號線前往釜山站10分	搭1號線前往東萊站14分	搭1號線前往老圃洞30分
搭2號線前往西面站34分	**海雲臺的最近站** M2號線海雲臺站	搭2號線至西面站36分，轉乘1號線前往釜山站10分	搭2號線至西面站34分，轉乘1號線前往東萊站14分	搭2號線至西面站34分，轉乘1號線前往老圃洞30分
搭1號線前往西面站10分	搭1號線至西面站10分，轉乘2號線前往海雲臺站36分	**釜山站的最近站** M1號線釜山站	搭1號線前往東萊站24分	搭1號線前往老圃洞38分
搭1號線前往西面站14分	搭1號線至西面站14分，轉乘2號線前往海雲臺站36分	搭1號線前往釜山站24分	**東萊的最近站** M1、4號線東萊站	搭1號線前往老圃洞19分
搭1號線前往西面站30分	搭1號線至西面站30分，轉乘2號線前往海雲臺站34分	搭1號線前往釜山站38分	搭1號線前往東萊站19分	**老圃洞的最近站** M1號線老圃洞站

上述表格基本上為使用地鐵之情況。此外不包含轉乘以及候車時間。

地鐵　지하철

釜山地鐵現在共計有4條路線，幾乎覆蓋釜山市內全區。車費為區間制，對旅行者而言為最便利的交通方式。除了每座車站有號碼代表外，各路線還以不同顏色標示，十分淺顯易懂。地鐵（捷運）系統和台灣幾乎無異，車站和電車內的廣播主要以韓文與英文為主，在一些車站還會有中文廣播。

地鐵的設計和標示對於外國觀光客非常友善

●路線的種類

1 號線		從釜山南部的新平101經過札嘎其、南浦、釜山、西面、東萊等站，一直到北部直通釜山綜合巴士轉運站的老圃134，縱貫南北。
2 號線		從東部的萇山201經過海雲臺，和3號線的水營站、1號線的西面站交錯。於直通西部市外巴士轉運站的沙上站與金海輕軌交錯。
3 號線		以2號線轉乘站水營301為起點橫貫東西，於蓮山站和1號線、美南站和4號線、德川站和2號線可進行轉乘。
4 號線		2011年3月開通的路線。以3號線轉乘站美南309為起點，行經1號線轉乘站的東萊，延伸至安平414。

●自動售票機的購票方式

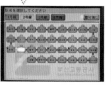

這是路線號碼

站名依號碼順序排列所以方便好找

請注意一部分的售票機不接受W50000的鈔票

粉紅色範圍為1區間

車票大小類似台灣的非對號式車票。到達目的地車站閘口前請妥善保管

①選擇車票的種類
在觸控式螢幕可購買單程車票、來回車票和1日券。選擇畫面右上方的語言後，於左上選擇路線。

②選擇目的地車站
選擇搭乘路線後進入下個畫面（上圖），會顯示該路線所有車站，接著點選目的地車站。

③支付費用
螢幕會顯示車資。車票最多購買5張，幾乎所有的紙鈔和硬幣都能用在售票機。

④拿取車票和找零
從售票機下方拿取車票，也別忘了拿回找零。

頻繁搭乘地鐵時這些票券最划算♪

●1日券 1일권
票價W4500。於自動售票機一開始的畫面選擇1Day Pass購買。大小和單程票相同。除了1日內可無限搭乘非常划算外，省去了每次搭車前買票的麻煩，十分方便。

●Hanaro卡 하나로카드
除了釜山地區的地鐵和巴士外，部分計程車和付費道路也能使用的儲值型預付式票券。購買時雖須付W3000的卡片費用，但地鐵有10%、巴士有W50~100的折扣。和自動售票機不同，有獨自的販售和儲值。只要懂得基礎的英文單字便能輕鬆購買、儲值（以W5000為單位）。

Hanaro卡除了卡片型之外，還有吊飾型W6000~，可於專用售票機、便利商店和車站內的商店購買

●試著挑戰搭乘地鐵吧

1 尋找地鐵站

尋找寫著SUBWAY的藍色招牌和電車上寫著M符號的黃色招牌。

地鐵標示

車站號碼
站名
出口號碼

2 購買車票

位於觸控螢幕右方的是投幣口。車票的購買方式請參照→P92

於閘口附近的自動售票機購買。售票機附近設有車票費用表可事先確認。

放入車票後手動推閘門入內（也有自動開關式）。通過閘口後忘了取回車票！

3 通過閘口前往月台

自動驗票機顯示綠色箭頭符號時代表可以入站。將車票插入驗票機內，別忘了須再取回車票。使用Hanaro卡的話須輕觸畫有卡片圖案的位置。通過閘口後請觀看指示牌確認月台。每條路線的代表顏色不同，所以淺顯易懂。

標示牌除了韓文外還有英文

4 乘車・下車

乘車處會標示下一站的站名，上車前請先確認是否和自己前往的方向相符

利用車廂內的路線圖，確認再坐幾站後下車

乘車前請再一次確認路線和行車方向！韓文廣播之後為英文廣播（一些車站還有中文廣播）。停車時請確認站名和車站號碼是否為目的地車站再下車。

1號線和2號線的轉乘站為西面站、1號線和3號線的轉乘站為蓮山站、1號線和4號線的轉乘站為東萊站、2號線和3號線的轉乘站為水營站與德川站、3號線和4號線的轉乘站為美南站、只要遵從依路線標示不同顏色的指示牌，便能不迷失方向順利轉乘

5 出車站閘口

轉乘電車時請遵照指示牌前進

下電車後沿著月台的出口指示牌往閘口前進。和進入閘口時相同，須將車票插入驗票機中。Hanaro卡則是碰觸機器。

往寫著「出口」的方向前進

計程車 택시

除了於釜山市中心的主要場所設有計程車招呼站外，路上行駛的計程車也多不勝數。也有不少計程車於飯店、百貨公司和免稅店等處待客，供民眾能輕鬆方便地搭乘。車費比較其他國際都市較為便宜，一般計程車的車費和台灣也相差無幾。請事先記得分為模範計程車和一般計程車2大種類。

會說英文或中文的模範計程車

●試著挑戰搭乘計程車吧

計程車招呼站的站牌。由於不甚顯眼，所以須留意觀察多加尋找

1 找尋搭乘處

和台灣的主要都市相同，路上有不少計程車。於招呼站以外的地方只要伸手便會停靠載客，或是請計程車來飯店接送。空車時擋風玻璃上會亮紅燈的「빈차」，車門為手動式須自行開門。

2 乘車，說明目的地

~까지 가 주세요
請載我到~

영수증 주세요
請給我收據

由於司機幾乎不懂漢字，所以事先準備以韓文寫好地址的紙條，或是手指旅遊書上的韓文標記最為精準。從飯店搭車時，可請飯店員工代為轉達目的地。如有目的地的電話號碼，可請司機以手機詢問行車的路線或方向。

3 付費

一般計程車和模範計程車皆為跳表制。不須另付小費，但建議多準備一點錢。若是請計程車來飯店接送，可能須再另付叫車費用。

由於為跳表制，所以不會有費用糾紛

如果有領取收據，之後若遺忘物品在車內也能知道向何處詢問

如果是團體搭車或是行李繁多時，最多可載客8位的大型計程車最為方便

4 下車

下車時別忘說聲謝謝「감사합니다（kam-sa-ham-ni-da）」

計程車的種類

這是一般計程車

釜山的計程車分為模範計程車和一般計程車2種。雖然費用較高，但建議觀光客搭乘模範計程車。

●模範計程車 超過20年無交通事故、無違反交通規則的資深司機所駕駛的計程車。特徵為黑色的車體上寫著Deluxe Taxi的字樣。服務品質高，且會說英文和中文的司機也不在少數。有時模範計程車會於高級飯店等地待客。

●一般計程車 台數壓倒性地多於模範計程車，費用也較為便宜。車體顏色除了黑色外，以白色、灰色和銀色為主流。雖然為跳表制且服務態度不差，但會說英文或中文的司機寥寥可數。

關於費用計算方式

依行駛距離和時間計算費用的跳表制。模範計程車起跳3km以內W4500，之後每160m或時速15km以下行駛時每38秒加算W200。一般計程車起跳2km以內W2800，之後每143m或時速15km以下行駛時每34秒加算W100。深夜24時～翌日4時加收20%（模範計程車不加收）。雖無須給予小費，但司機協助搬運沉重行李時可給予W1000左右表達謝意。

市內巴士 시내버스

對於當地居民日常生活的移動上,不可或缺的便是市內巴士。幾乎所有巴士標示僅有韓文,即使有車內廣播也還是限於韓文,並不利於旅行者使用。但巴士路線幾乎網羅了整個市區範圍,車費也十分便宜。由於可以從車窗欣賞風景,如果是能從公車上判斷自己身在何方的人,則推薦搭乘。

圖片中的巴士為綠色、米色車體者為一般巴士

●市內巴士的種類和費用

一般巴士	白底藍色或綠色、米色的巴士。座位排列成1列,如坐滿也能站立乘車。費用為市內均一價W1300。
座席巴士	白色和橘色的巴士。座位排列成2列,如坐滿也能站立乘車。停車的站牌有限,即使為相同路線也會比一般巴士更快到達目的地。費用為市內均一價W1800。

●試著挑戰搭乘巴士吧

1 找尋巴士站牌・確認路線

> 巴士站牌大多有屋頂或長椅,很容易辨認

早晚交通壅塞故不建議搭乘

巴士站牌會標示停靠該站的巴士路線號碼、巴士種類和運行路線等,但幾乎僅有韓文

2 乘車・付費

巴士進站時,請以擋風玻璃上方和側邊的號碼確認巴士路線。從前門上車,上車付費,請將現金投入收費箱。也可使用Hanaro卡(→P92),請將卡片觸碰感應處。

車體側邊標示著路線號碼和行經路線

> 釜山的巴士行駛速度快,行駛當中請避免走動

> 按下車鈴通知會司機此站下車

收費箱和IC卡感應區位於駕駛座旁

> 座席巴士的車內

3 下車

若是不清楚下車站,可將寫有目的地韓文的紙條遞給司機或其他乘客,請求告知。

方便觀光的巴士路線

在此介紹途經主要景點的路線。可於觀光旅行時多加利用。

41	(一般巴士)	廣安里~釜山站~中央洞
88A、B	(一般巴士)	西面~釜山站~中央洞~太宗台
307	(座席巴士)	金海機場~東萊~海雲臺
134	(一般巴士)	札嘎其~釜山站~市立博物館~UN公園
1003	(座席巴士)	海雲臺海水浴場~釜山站~南浦洞
1004	(座席巴士)	釜山站~西面

若為搭乘遊輪抵達釜山

從釜山港國際客運碼頭的入境大廳出來,有約10~20分一班於釜山站間往返的接駁巴士,車費為W1000。(行駛時間依船的運航狀況而異)乘車時須以現金支付車費。

簡單列出 行前準備memo

參考旅遊季節（→P14），決定要帶那些衣服和東西吧。

託運行李list

□鞋子
□衣服
□內衣
□牙刷組 - - - - - - -　飯店不提供免洗盥洗用品，所以要自己帶
□洗臉用品
□美妝品
□防曬乳
□洗澡用品
□拖鞋
□常備藥品
□隱形眼鏡／眼鏡
□生理用品
□轉接插頭、
　充電器、充電電池
□環保購物袋 - - - - -
□折傘
□太陽眼鏡
□帽子
　　　　超市的袋子要收費，所以有的話很方便

事先準備好洗滌用品、折疊式衣架、自用筷或免洗叉子會更方便

可多準備幾個塑膠袋，用來裝濕衣物或液體物品

建議將較重的物品放置於行李箱底部

帶上機內的手提行李有重量及尺寸的限制，每家航空公司都不一樣，需事先確認規定

善用尼龍包和夾鏈袋分裝行李

手提行李list

□護照
□信用卡
□現金
□相機
□手機
□原子筆 - - - -　填寫出入境登記表、海關申報單時要用
□行程表（機票／紙本電子機票）
□紙巾／溼紙巾
□手帕
□護唇膏
□絲巾／口罩（有需要的人再帶）

叩叩世界

別忘了帶我走

隨身行李有液體物品的限制不能超過100ml

便利memo

在飛機上寫入境登記表及海關申報單時可以派上用場

護照號碼　(	)	飯店　　　(	)
去程航班　(	)	出發日期　(	)
回程航班　(	)	回國日期　(	)

旅遊資訊

Travel Information

✓ 事前 Check!!

- ☐ 護照的有效期限（→P98）是否到期？
- ☐ 機票、電子機票的姓名是否和護照相同？
- ☐ 確認是否需要簽證（→P98）？
- ☐ 確認記得信用卡（→P102）的密碼？
- ☐ 是否在旅行支票（→P102）上簽了名？

✓ 有備無患以防「萬一」

- ☐ 事先影印好護照的相片頁
- ☐ 記下旅行支票的號碼
- ☐ 加入海外旅遊傷害保險
- ☐ 記下信用卡公司的緊急聯絡電話（→P109）

✓ 讓旅途更加舒適&安全

- ☐ 是否已查詢當地氣候（→P14）
- ☐ 是否已查詢當地的安全資訊（→P108）

韓國出入境

韓國入境的流程

釜山空路的玄關口為金海國際機場，旅客可遵從指標前往至入境審查處。以海路入境時，則是於釜山國際客運碼頭進行入境審查。

1 （抵達）········· Arrival

到達後遵從指示牌前往入境審查處。

2 （入境審查）···· Immigration

排隊至外國人（Foreigner）櫃台，輪到自己時將填妥的入境卡和護照交給審查官。按押指紋、拍照和審查的步驟結束後，審查官會於護照蓋上戳章並交還回來。大多時候不會被詢問任何問題，但若是被問到旅行目的等問題時，以英文回答即可。

3 （提領行李）

Baggage Claim

若為搭乘飛機，於機場螢幕確認自己搭乘航班的行李於幾號轉盤提領後，前往提領行李。若是有行李遺失或是破損的情形發生，請前往行李遺失櫃台（Baggage Lost&Found），出示行李托運單據（Claim Tag）並傳達來意。若為搭船抵達，則是自行搬運行李，放在傳送履帶上接受檢查。

4 （海關）···· Customs Declaration

櫃台分為無需申報（綠色）和需申報（紅色）兩方，依個人狀況排隊不同櫃台，並提交旅行者攜帶品申告書（海關申報單）。若無攜帶需申報物品者通常可直接穿過。

5 （入境大廳）

Arrival Lobby

設有服務處和換匯所。

●入境卡的填寫範例

韓國僅有入境卡而無需填寫出境卡。入境卡會於機上發放，可預先填寫。

ARRIVAL CARD 入國申告書（外國人用）		漢字姓名 ①

①姓名（中文）　②姓（英文拼音）　③名（英文拼音）　④性別（男性為Male、女性為Female）　⑤國籍（英文填寫。台灣的話填ROC）　⑥出生日期（從左到右順序為年月日）　⑦護照號碼　⑧居住地（台灣住址）　⑨職業　⑩住宿處（飯店的英文名稱）　⑪入境目的　⑫航班名　⑬出發都市　⑭簽名（和護照相同的簽名）

●海關申報單

即使未攜帶須申報對象物品，也必須填寫後交出。海關備有中文的申報單，填寫也可使用中文。若有家人同行，可以1人作為代表填寫交出。攜帶超過10000美金或相當金額者須進行申報。能攜帶出境的金額也只限於入境時申報的額度。

●主要免稅範圍

●酒類1瓶（1L以下、US$400以下）●香菸200支（酒和香菸不包含未滿19歲者）●香水一瓶60ml以下●個人攜帶物品為US$600以內。但農林水產品和中藥材等須在海外交易價格W10萬以內（依物品不同，數量和重量有所限制）。

●主要禁止攜帶入境的物品

違反公安或公序良俗的物品（不法、猥藝書籍和CD等）。貨幣、有價證券的模造、變造和偽造品。槍砲、毒品、國家條約保護對象的動植物及其製品。

韓國的入境條件

●護照的現存有效期間
無需查證時，有效期限需超過3個月
●簽證
90天以內的觀光不需簽證。需準備預訂完成的來回機票（或電子機票的行程收據）。

韓國出境的流程

1（報到）Check-in

若為搭乘飛機,請於所利用的航空公司櫃台出示機票(或電子機票)和護照。若有座位的要求也在此時提出。如有托運行李,在此託運後領取託運單據(Claim Tag)和登機證。若為搭船,則於各船公司櫃台辦理手續,港灣設施使用費也在此支付。

2（海關）Customs Declaration

如有須申報物品則在此申報。若想於金海國際機場申請增值稅的退稅(→P107),如果是託運物品的話,必須在報到前於海關進行申報手續;如果是隨身攜帶物品的話,則是於出境審查後的海關進行申報手續。雙方皆是於退稅櫃台拿回應得的金額。依機場不同而情況有異,請多加留意。
攜帶物品也有所限制(→P107)。

3（手提行李檢查）Security Check

所有攜帶進入飛機的物品需通過X光檢查。若搭乘飛機則是和台灣相同,液體或凝膠狀物品帶入機內時有所限制。泡菜或辣椒醬等液態性物品也在受限範圍內,請多加注意。

4（出境審查）Immigration

出示護照、登機證(登船證)。

5（出境樓層）Departure Floor

於免稅店享受購物樂趣。若申請退稅手續,則需將海關蓋好章的免稅文件提出至專門櫃台,或是投入專用郵筒。若是於市內的免稅店購買商品,則是於提貨櫃台領取。搭飛機的話需確認好登機門,並於出發前30分鐘抵達登機門。

金海國際機場2樓出境樓層

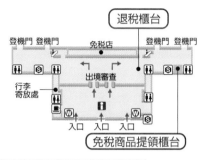

退稅櫃台
登機門 登機門 免稅店 登機門 登機門
出境審查
行李寄放處
入口 入口 入口
免稅商品提領櫃台

近代化的金海國際機場

搭乘輕軌前往金海機場最為方便

台灣入境時的限制

●主要免稅範圍

酒類	1公升(2~5公升須主動申報並繳稅,超過5公升須持菸酒類進口專業許可執照,繳稅後放行)
香菸	捲菸200支或雪茄25支或菸絲1磅

※以年滿二十歲之成年旅客為限

●禁止攜帶入境的物品

毒品危害防制條例所列毒品(如海洛因、嗎啡、鴉片、古柯鹼、大麻、安非他命等)。
槍砲彈藥刀械管制條例所列槍砲(如獵槍、空氣槍、魚槍等)、彈藥(如砲彈、子彈、炸彈、爆裂物等)及刀械。
野生動物之活體及保育類野生動植物及其產製品,未經行政院農業委員會之許可,不得進口;屬CITES列管者,並需檢附CITES許可證,向海關申報查驗。
侵害專利權、商標權及著作權之物品。
偽造或變造之貨幣、有價證券及印製偽幣印模。
所有非醫師處方或非醫療性之管制物品及藥物。
其他法律規定不得進口或禁止輸入之物品。

●其他限制及規定詳情請見財政部關務署網站:
web.customs.gov.tw/ct.asp?xItem=12072&CtNode=13127

如需申報,請填寫「海關申報單」,並經「應➡申報櫃」(即紅線櫃)通關

釜山出入境

當地資訊篇

金海國際機場 `MAP 別冊 P2-A2`

釜山的金海國際機場和台灣的桃園國際機場所需飛行時間約2小時。有中華航空、大韓航空（KE）、釜山航空（BX）和濟州航空等運航。也有從高雄小港機場出發的航班。從機場前往市內可搭乘巴士或計程車。於2011年連結機場和沙上站的釜山-金海輕軌開通後，交通更加便利。

➡釜山空路的玄關口

金海國際機場1樓入境樓層

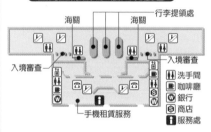

行李提領處

海關　　　海關

入境審查

入境審查

手機租賃服務

🚻 洗手間
☕ 咖啡廳
Ⓦ 銀行
Ⓢ 商店
ℹ 服務處

國際線航廈

由地下1層和地上3樓所構成的國際線航廈，擁有最新的設備，使用上的便利度也是十分卓越。
●入境樓層1樓
入境樓層有換匯所、飯店與賭場的服務處、咖啡廳和便利商店等。
●出境樓層2樓（→P99）
設有各大航空公司櫃台的出境樓層，還有換匯所、便利商店、餐廳和咖啡廳等完備設施。出境後的免稅店也應有盡有。

國內線航廈

國內線航廈為鄰近的另一棟建築。從國際線航廈出來後右轉步行可到。

機場前往市區的交通方式

機場前往市區有4種交通方式。最方便的為利木津巴士，但行李不多時可選擇搭乘輕軌。

交通工具	特徵	行駛時間	費用	所需時間
釜山-金海輕軌	連結沙上～金海國際機場～加耶大學的自動駕駛電車。若是想前往市中心的西面區域，可在地鐵2號線沙上站轉乘。前往西面站約25分。機場站位於出機場航廈後步行2～3分處。	5～24時左右。4～9分班距行駛。	車費W1300～。從金海國際機場至沙上為W1500。	至沙上站6分
利木津巴士	連結機場和海雲臺或釜山站。車票為直接向司機付費購買。由於只接受韓元，所以請事先於機場完成換匯。出了入境大廳後即可見到巴士搭乘處。	7時10分～末班21時40分。20～40分班距行駛。	海雲臺方向W7000釜山站方向W6000	海雲臺方向60分釜山站方向50分
市內巴士	行駛至市區的一般巴士。有西南方向的201路、海雲臺方向的307路等。搭乘處位於機場航廈的前方。	5時～22時30分左右。20～40分班距行駛。	一般W1300座席W1800	30～60分
計程車	有模範和一般2種。不限時間帶皆能利用，可直接到達飯店前故十分方便。出機場航廈過馬路後便是計程車搭乘處。	24小時	模範計程車至釜山站約W30000，至海雲臺站W50000～	30～60分

主要巴士路線

連結機場和海雲臺的利木津巴士有行經水營和行經廣安大橋的路線。若想享受美景建議搭乘廣安大橋路線。

	路線名	主要停車站	機場的搭車處
利木津巴士	南泉洞/海雲臺方向	Ⓜ金蓮山站、Ⓗ釜山諾富特大使飯店、Ⓗ釜山天堂酒店	2號搭車處
	西面/釜山方向	金海機場、Ⓜ釜山鎮站、中央洞、南浦洞、忠武洞	2號搭車處
市內巴士	201路（西面方向）	Ⓜ周禮站、東西大、東義大、西面（樂天飯店）	3號搭車處
	307路（海雲臺站方向）	Ⓜ德川站、Ⓜ東萊市場、BEXCO、Ⓜ海雲臺站	3號搭車處

釜山港國際客運碼頭 MAP 別冊P3-B3

釜山距離日本的九州不遠，也可以考慮將日本一併納入行程規劃中，連結日本和釜山的國際航線，從日本的博多、下關和大阪出航。博多～釜山之間的高速船船程約3小時。旅客航站於2015年搬遷，重新改裝開放。入境手續於2樓辦理，入境大廳設有換匯所和觀光服務處等。出境大廳位於3樓。位於市區中心的釜山港鄰近鬧區南浦洞，交通十分便捷。

→連結日本的高速船和遊輪皆於此處發抵

主要航線和船公司

博多～釜山

●New Camellia（1日1班）
博多港運航的遊輪。
🕐博多12時30分發→釜山18時抵
🕐釜山20時發→博多翌日7時30分抵
所需：約5小時30分～
💰大人單程9000日圓～
📞Camellia Line 旅客營業部
（092）262-2323
🌐www.camellia-line.co.jp/

●BEETLE（1日2～6班）
博多港運航的高速船。7時30分至15時45分的時間帶內1日2～6班（航班數和運航時間視時期而有所變動）。
所需：約3小時5分
💰大人單程13000日圓
📞JR九州高速船（092）281-2315
🌐www.jrbeetle.co.jp/

下關～釜山

●HAMAYUU/星希（1日1班）
下關港運航的遊輪。由日籍船HAMAYUU號和韓籍船星希號共同運航。
🕐下關19時45分發→釜山翌日8時抵
🕐釜山21時發→下關翌日7時45分抵
所需：約13小時
💰大人單程9000日圓～
📞關釜遊輪　（083）224-3000
🌐www.kampuferry.co.jp/

大阪～釜山

●Panstar Dream（1週3班）
大阪南港運航的遊輪。大阪週一、週三和週五運航；釜山週二、週四和週日運航。
🕐大阪南港15時發→釜山翌日10時抵　（僅週五為17時發→翌日12時抵）
🕐釜山15時發→大阪南港翌日10時抵
所需：約18小時50分
💰大人單程13000日圓～
📞Sanstar Line（06）6614-2516
🌐http://www.panstar.jp/

乘船之際

●出發時請注意除了乘船費用之外，還需支付燃油附加費、港灣設施使用費以及離境稅等費用。
●孩童與嬰兒船費、學生優惠和來回搭乘優惠等費用，由於因航運公司而異，請事先確認。
●乘船手續須於出航前約1小時30分～1小時辦理完成。細項因航運公司而異，請事先確認。
●可能因天候等情況而改變航班時間或取消航班，請於乘船前事先確認。

3樓出境大廳

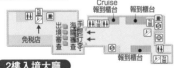

2樓入境大廳

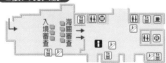

🚻洗手間 🏧銀行・換匯所 ℹ️觀光服務處 Ⓢ商店
🛗電梯 🔼手扶梯 ☕咖啡廳 🍴餐廳

從碼頭前往市區的交通

●接駁巴士（→P95）
碼頭～釜山站10～20分班距行駛。
●地鐵
最近站為從碼頭步行10分的1號線中央站。至西面站所需約15分。至海雲臺站須在西面站轉乘2號線，約花費50分。

●計程車
搭模範計程車前往西面站所需約15分，約W13000。前往海雲臺站約30分，約W26000。

貨幣和貨幣兌換

韓國的貨幣單位為韓元（W）。匯率為浮動匯率制，W100約為2.5新台幣（2017年5月時）。W10000紙鈔約等同於250新台幣。

紙鈔的種類

2006年推出W5000紙鈔，2007年推出W1000紙鈔和W10000紙鈔，2009年則是W50000紙鈔。下方圖片皆為最新版的紙鈔。

	W1000	W5000	W10000	W50000
正面	儒家的李退溪	儒家的李栗谷	朝鮮王朝的世宗大王	文人畫家的申師任堂
背面	風景畫	西瓜	天文觀測機械	風景畫

硬幣的種類

硬幣有W10、50、100和500共4種於市面上流通（W1和W5幾乎不使用）。背面的雕刻W1為國花木槿、W5為龜甲船、W10為佛國寺的多寶塔、W50為稻穗、W100為李舜臣、而W500則是鶴。初來乍到時難免會對硬幣種類認識不清，付款和收找零時請多加留心。

 W500 W100

 W50 W10

金錢消費的種類用法

類別	便利之處	注意事項	韓國使用現況
現金	隨處可用。	身懷鉅款易引來麻煩。	紙鈔的最高面額為1250新台幣，台幣10000元就有8張，請留意。
信用卡（需洽詢→ P109）	無須帶現金行動，且能證明自己的身分。可從ATM小額借款。	確認帳單上的金額後再簽名。	可普遍使用於街上的商店和餐廳。VISA和萬事達卡的泛用度高。不可使用於攤販。
國際金融卡（需洽詢→ P109）	可利用ATM從自己的台灣帳戶提領當地貨幣。	匯率依各家發卡公司而異。	ATM隨處可見，使用價值高。
旅行支票（T/C）	僅限購買的本人使用。若遭竊或遺失可重新補發。	購買時須支付2%的手續費。使用時須出示護照。	大多店家不可直接使用。以台幣購買T/C，必須在當地換成韓元現金。

釜山的物價

W800〜

礦泉水
(500ml)

W3400

咖啡
(星巴克)

W2500〜

生啤酒
(玻璃杯1杯)

※價格僅供參考

因每次的換匯皆需
支付手續費，換錢時
需考慮周詳

在釜山換匯

可換匯的場所眾多，僅帶新台幣前往也毫無問題。可於機場的換匯所、銀行、飯店和民間的換匯所交換貨幣，一般而言銀行的匯率最為理想，飯店的匯率稍差。

現金的換匯需出示護照（可用影本）。隨身攜帶影本十分方便

匯率表解說

現金　　　　旅行支票

	CASH		T/C
	BUYING	SELLING	BUYING
TWD	39.92	34.54	34.37

TWD=新台幣
KRW=韓元

100元新台幣（現金）兌換為韓元的計算式：
100×39.92=W3992
※BUYING為將新台幣換成韓元時使用的匯率

未用完的韓元該如何處理？

回國後僅有紙鈔能於部分銀行換回台幣，且匯率並不理想。建議剩餘的韓元可在韓國的國際機場換匯所換錢。任一方式都需要將新台幣換成韓元時取得的收據，故請妥善保管。

ATM使用方法

在釜山隨處可見ATM（現金自動提款機），也設置於地鐵站和便利商店。有合作（cirrus或PLUS）的國際金融卡可從自己的帳戶提領韓元。VISA或萬事達等信用卡也能小額借款。

依卡片不同，可利用的ATM也有所差異，請事先確認標誌

1 請先確認ATM/CD機上是否有網路合作（Cirrus或PLUS）的標誌。

2 將金融卡插入對應的機器中後隨即取回。

3 按下INTERNATIONAL旁的按鍵。

4 輸入密碼（PIN）。

5 輸入金額（當地貨幣）。

6 拿取收據和現金。

※操作方式依機種而異

計程車
（一般／起跳）
W2800

漢堡
（麥當勞）
W1500

CD
（專輯）
W10000～

電影
W8000～

電話

> 租借能撥打國際電話的手機十分便利。於金海國際機場或釜山港國際客運碼頭有提供租借服務

從釜山撥打電話至台灣

最簡單且通話費便宜的方式,便是直接撥打給對方的國際直撥電話。
中級以上的飯店大多能從客房撥打(最開始需按外線號碼),但得付手續費,並不划算。

📞 國際電話直播　例如撥打至台北02-2918-3366則是001(或002)-886-2-2918-3366

001 或 002	➡	886	➡	市外區碼	➡	對方的電話號碼
韓國的國際冠碼		台灣國碼		去掉開頭的 0		

參考費率 週一～週五的6～24時,前1分鐘W696。視電信業者及時間帶而異。

以手機撥打電話

將在台灣使用的手機於國外直接使用,通話費通常十分驚人,所以建議申請所用電信業者的國外漫遊方案,或是從台灣租借手機前往。若為智慧型手機,則建議打開飛航模式,將行動網路服務關閉的話便能中斷網路連線。欲查看郵件或上網時,可將Wi-Fi功能打開並且連上公用的無線網路。此外,使用免費的通話APP也是一種選擇。

打公共電話

公共電話有電話卡式和投幣式2種,能撥打國際電話的僅有電話卡式,撥打方式和台灣相同。電話卡有W3000、W5000和W10000等,可於飯店或便利商店購買。

從台灣撥打電話至釜山

先撥打台灣國際冠碼002後,加上韓國的國碼82,接著按下去除開頭0的市外區碼,最後則是對方的電話號碼。

國際電話的國碼	
●韓國	82
●台灣	886

郵件・網路&E-Mail

郵送至台灣

> 請把這個寄送至台灣。
> 이것을 일본으로 보내고 싶은데요.

明信片・信件

明信片除了郵局之外，也可在書報攤或便利商店等處購買。只要以英文註明送達地「TAIWAN（ROC）」和「AIR MAIL」，其他以中文書寫也沒關係。郵寄時可利用郵局的窗口，或是將所需金額的郵票（우표）貼上後投至郵筒。寄往台灣的明信片需貼W400郵票，10克以內的信件則是W540。也可委託飯店的櫃台幫忙寄送。一般情況約7～15日會寄達台灣。

郵筒，航空信件投左邊

包裹

當伴手禮等行李眾多時，可選擇以包裹方式寄至台灣較為方便。包裹可直接拿至郵局窗口寄送。有空運和海運2種，空運0.5公斤內W17100、1公斤內W18400、2公斤內W21100，約需7～15日；海運2公斤內W12200、4公斤內W16000、6公斤內W19600、10公斤內W27100，約20～60日可送達台灣。釜山郵局有提供打包服務，需另付W2000～。☎（051）600-3000 🕘9～18時（週六～13時）　休週日、假日　MAP別冊P5-C1

宅急便

費用比郵寄高昂，但只需撥打電話便能請業者至飯店取行李。若擔心語言不通者可委託櫃台處理。費用和運送天數請洽各宅急便公司。
DHL☎（051）310-6100（釜山）

航空信寄送的填寫方法

Air Mail ❸

（內容）

王人人 ❹

❷ TAIWAN

郵遞區號000
❶台北市中山區
南京北路1號
王小明 收

❶填寫對方的住址和姓名，中文也OK
❷國名寫英文。盡量寫得巨大醒目
❸以紅筆註明航空信件
❹空白處寫上自己的名字

網路使用

市區內

在韓國的麥當勞或星巴克等速食店、觀光服務處和便利商店等地皆有Wi-Fi熱點，提供免費使用。無需密碼的Wi-Fi請小心中毒。

飯店內

可使用商務中心的電腦。此外，免費Wi-Fi空間內可連結上無線網路的高級飯店也正逐漸增加。部分飯店的大廳會設有免費提供住宿客使用的電腦。

Wi-Fi租借

於機場事先租借Wi-Fi機最為便利。也可透過韓國相關資訊網站事先預約Wi-Fi機。URL www.konest.com

看看市區隨處可見無線上網熱點，不妨找尋

使用前請確認是否免費

旅遊常識

當地資訊篇

被譽為「禮儀之邦」的韓國，儒家思想深植人心。牢記這個概念並且熟知當地基本的生活常識，便能讓旅行更加平安順利，且能深入接觸當地的風土民情。

＊飲水

雖然韓國的自來水被韓國政府認證為能直接飲用，但仍建議購買市販的礦泉水。餐廳等處所提供的水皆經過煮沸處理，所以能安心飲用。

＊洗手間

釜山的廁所普遍為抽水馬桶。地鐵站內等處設有公共廁所，百貨公司或飯店的廁所更是乾淨。為了防止馬桶堵塞，使用後的衛生紙須丟棄於一旁的垃圾桶，而禁止丟進馬桶。「洗手間在哪裡？」的韓文為「화장실이 어디예요？」。

＊電壓和插頭

電壓為110V和220V。釜山的主要飯店大多為220V。使用台灣製的電器需要外加變壓器。插頭的形狀有A、C、SE等3種。部分飯店可租借轉換器。

A型

C型

SE型

＊度量衡

長度	1尺 (자)＝約30.3 cm
重量	1斤 (근)＝約600 g
容量	1升 (되)＝約1.8L
面積	1坪 (평)＝約3.3㎡

＊營業時間

辦公室	…時 9～18時	休 週六日	
銀行	…時 9～16時	休 週六日	
百貨公司	…時 10時30分～20時	（視店鋪而異）	
餐廳	…時 10～23時	（視店鋪而異）	

＊尺寸比較表

衣服(女性)	台灣	7	9	11	13	15	17	19
	韓國	44	55	66	77	88	99	－
衣服(男性)	台灣	S		M		L		LL
	韓國	34	36	38	40	42	44	46	48
鞋子(女性)	台灣	22	22.5	23	23.5	24	24.5	25
	韓國	220	225	230	235	240	245	250
鞋子(男性)	台灣	24.5	25	25.5	26	26.5	27	27.5
	韓國	245	250	255	260	265	270	275

＊上述尺寸比較表僅供參考。依服飾公司而有所差異，請務必試穿後購買

美食 Gourmet

餐廳種類

除了部分高級餐廳外，幾乎為平民常去的大眾食堂。可輕鬆地品嘗到石鍋拌飯和燒肉等知名料理。提供海鮮料理、蔘雞湯和冷麵等堅持味道與鮮度品質的專賣店也不少。生魚片等生冷食品請在值得信賴的店家享用。

營業時間和預約

一般的營業時間為10～22時左右。除了高級餐廳外，大多的餐廳無店休日。農曆新年和中秋節大多數店家會休息。欲前往高級餐廳、熱門餐廳、或用餐人數眾多時，建議事先預約較佳。

禮儀

基本的禮儀為白飯和湯以湯匙（수저）享用。筷子（젓가락）則是享用泡菜等附贈的小菜以及吃魚剔魚骨時使用。和台灣相反，將飯碗拿起被視為沒有禮貌，以口就碗也是違反禮儀，請多加留意。

結帳

幾乎所有的餐廳皆能使用信用卡，但攤販不可。原則上不需給予小費。

購物 Shopping

基本資訊・出境攜帶品限制

一般的營業時間為10～20時左右。部分的大型購物設施會營業至22時左右。此外，於攤販購買的名牌仿冒品禁止攜帶回台，請多加注意。骨董和古美術品等文化財的攜帶出境有所限制，需事先得到文化財管理局的許可，請於購買的店鋪辦理相關手續。人蔘的出境攜帶數量有所限制，請多加留意。

增值稅的退稅手續

韓國的商品包含有10%的增值稅。外國旅客於TAX FREE SHOPPING加盟店每日每間店鋪購買超過W30000物品，並於購買日起3個月以內攜帶出境韓國的話，可拿回扣除手續費後的增值稅。環球藍聯加盟店的退稅手續步驟如下：

1）購買商品時出示護照，店家發行免稅文件。文件須以英文填寫。

2）出境韓國時於海關除了出示免稅文件外，還需要①護照②收據③購買商品（未使用的狀態）④機票或登機證等，請海關於文件蓋上確認戳章。如果是於金海國際機場託運退稅物品，則須在報到前辦理退稅手續。

3）於機場內的退稅櫃台領取退稅金（韓元或新台幣）。也可以支票支付或退稅至信用卡帳戶。細項請參閱環球藍聯網站。

🌐www.global-blue.com/

美容&夜間娛樂 Beauty&Nightspot

預約美容設施

除了按摩外，基本上建議事先預約。即使是當天前往店鋪前先以電話聯絡，也可能縮短等待時間。蒸氣房和汗蒸幕的店鋪大多會提供接送服務，請事先確認。原則上不需給予小費。

夜間娛樂的建議

於韓國喝酒須年滿20歲。要特別注意於燈紅酒綠的鬧區以中文過來搭訕的人。此外，進入賭場和夜店時需要出示證件，請記得攜帶護照前往。夜晚或步行於人煙稀少之處十分危險。

飯店 Hotel

建議

退房後仍可將行李寄放於飯店櫃台或衣帽間。部分飯店無提供牙刷，請事先準備。不需給予小費。

其他

拍照攝影

為了國家安全，機場和地鐵等交通工具、涉及國家機密的相關機構等，部分場所禁止拍照攝影，請多加留意。

吸菸須知

禁止在比自己地位高者面前抽菸。此外，依據2012年12月所施行的法律，飯店大廳或車站等公共場所全面禁止吸菸。依設施的規模可能全面禁菸或劃分吸菸區，但於禁菸區抽菸會被處以罰款，請多加留意。抽菸須年滿20歲。

謹言慎行

韓國的正式國名為大韓民國，除了專有名詞外不會使用朝鮮一詞。若一時口誤，可能會引起對方的激烈反彈。

突發狀況應對

生病時

病情加重時請立即前往醫院。欲叫救護車時請撥打119（報警112）。在飯店裡可告知櫃台代為安排醫生。若有加入保險，可聯絡當地的中文救護中心，委託介紹合作的醫院。此外，國外的藥品不一定適合體質，請攜帶日常用藥前往。

■通曉英文的醫院

釜山大學院醫院國際診療中心 **MAP**別冊P3-A4

住西區九德路179　사구 구덕로179

☎(051) 240-7472　圖8時30分～17時30分

休週六日、假日

■緊急電話號碼

消防・救護車 ☎119　　警察 ☎112

遭竊・遺失時

事先確認　確認旅遊國家的治安狀況、台灣人被害的案例

外交部旅外安全資訊 🌐www.boca.gov.tw

韓國治安相對良好，但近年來各種犯罪有增加的趨勢，遭遇扒手或搶匪等輕度犯罪的觀光客時有所聞。但只要多加用心注意，便能大幅降低遭遇麻煩的機率。

護照

1.向警方報案
向當地警方報案，會開立遭竊（遺失）受理證明書。若於飯店內遭竊或遺失，如有需要可請飯店開立證明書。

2.辦理護照掛失手續
前往駐釜山辦事處辦理遺失護照的掛失手續。所需文件為①遺失普通護照等申請書1張（於代表處索取）②警察報案證明③照片1張④可確認中華民國國籍的證件資料。

3.申請重新發行護照
費用與普通申請護照相同，所需文件為①普通護照發行申請書1張（於代表處索取）②身份證正本③照片2張。

3.入國證明書
限來不及申換新照，而且急須返國者。所需文件為①入國證明申請書1張（於代表處索取）②可確認中華民國國籍的證件資料③照片2張④報案證明。

信用卡

1.聯絡信用卡公司
為了避免信用卡被盜刷，請立即連絡信用卡公司掛失。

2.向警方報案
向當地警方報案，請警方開立遭竊（遺失）受理證明書，若卡片遭到盜刷時可提出以茲證明。若是於飯店內遭竊或遺失，如有需要可請飯店開立證明書。

3.重新發卡
依信用卡公司有所不同，一例為由當地分公司的次營業日發行僅使用1個月的緊急替代卡，並且寄送至下榻飯店。請遵照信用卡公司的指示行動。

旅行支票

1.向警方報案
向當地警方報案，開立遭竊（遺失）受理證明書。若是於飯店內遭竊或遺失，如有需要可請飯店開立證明書。

2.向發行銀行或公司重新申請發行
可向發行的銀行或公司申請重新發行。申請時需要券種、號碼、購買日期、銀行名稱等。申請完成後，約2～3日重新發行。

行李

1.向警方報案
雖大多情況找不回來，但還是須向當地警方報案，開立遭竊（遺失）受理證明書。若是於飯店內遭竊或遺失，如有需要可請飯店開立證明書。

2.歸國後申請保險賠償
若有加入海外旅行平安險且附帶行李遺失保險，歸國後必須立即連絡保險公司，申請保險理賠。申請理賠需提出遭竊（遺失）受理證明書，請事先準備妥善。

※遭竊證明書的韓文為도난증명서

 便利電話簿

韓國

●駐韓國台北代表部釜山辦事處
🏠中區中央大路70號東遠大樓9F
　　부산 중구 중앙동4가 25 동원빌딩 9층
🕐週一至週五9時～11時30分、
　　13時30分～15時30分
🚫週六日、國定假日
📞051-463-7964～5

●韓國觀光局旅遊熱線1330
觀光電話服務
📞1330(直撥)
24小時受理、可說中文

●緊急電話號碼
　參照P108

●通曉英文的醫院
　參照P108

●航空公司
大韓航空(國內共通)
　📞1588-2001(直撥)

台灣

●駐台北韓國代表部
🏠台北市基隆路一段333號1506室
📞(02)2758-8320
🕐9～12時、14～16時
🚫週六日、假日、韓國國定公休日
🔗taiwan.mofat.go.kr/

●韓國觀光公社台北支社
🏠台北市敦化南路一段245號(敦南誠品大
　樓)4樓Korea Plaza、6樓辦公室
📞(02)2772-1330
🕐9～12時、13時30分～18時
🚫週六日、假日
🔗big5chinese.visitkorea.or.kr/cht/

●主要機場
　台灣桃園國際機場
　第一航廈　📞(03)2735081
　第二航廈　📞(03)2735086
　緊急應變事件處理電話
　📞(03)2733550
　🔗www.taoyuan-airport.com/

　高雄國際航空站
　國內線　📞(07)8057630
　國際線　📞(07)8057631
　🔗www.kia.gov.tw/

台北松山機場
　📞02-8770-3456(語音電話)
　📞02-8770-3430(專人接聽、國際線)
　📞02-8770-3460(專人接聽、國內線)

●航空公司
台灣虎航
🏠台北市松山區敦化北路405巷
　　123弄3號
📞02-5599-2555
🔗www.tigerairtw.com/tw/zh/

濟州航空
🏠台北市南京東路二段97號12樓
📞02-2567-8558
🔗www.jejuair.net/jejuair/main.jsp

釜山航空
🏠台北市中山區建國北路二段33號
　　10樓之4
📞02-2516-3355
🔗tw.airbusan.com/content/
　　individual/?&city=#

大韓航空
🏠台北市中山區北市松江路87號
　　三樓C室
📞02-2518-2200
🔗www.koreanair.com/global/
　　zh_hk.html

中國東方航空
🏠台北市民生東路三段134號5樓
📞02-412-8118
🔗tw.ceair.com/

中華航空
🏠台北市南京東路三段131號
📞02-2514-5549
🔗www.china-airlines.com/tw/zh/

●信用卡緊急聯絡電話
　VISA全球緊急服務中心
　韓國　📞00-308-44-0050
　台灣　📞0080-1-444-123

　MasterCard萬事達卡緊急支援服務
　韓國　📞0079-811-887-0823
　台灣　📞00801-10-3400

ⓘⓃⓓⒺⓍ
索引

時尚・可愛・慢步樂活旅

Lala Citta
ララチッタ
BUSAN

國家圖書館出版品預行編目（CIP）資料

釜山 / JTB Publishing, Inc.作；
武濰揚翻譯. -- 第一版. --
新北市：人人，2017.08
面；公分. --（叩叩世界系列；15）
ISBN 978-986-461-114-0（平裝）

1.旅遊 2.韓國釜山市
732.7899　　　　　　　106007807

JMJ

【 叩叩世界系列 15 】

釜山

作者／JTB Publishing, Inc.
翻譯／武濰揚
校對／彭智敏
編輯／林庭安
發行人／周元白
出版者／人人出版股份有限公司
地址／23145 新北市新店區寶橋路235巷6弄6號7樓
電話／（02）2918-3366（代表號）
傳真／（02）2914-0000
網址／http://www.jjp.com.tw
郵政劃撥帳號／16402311 人人出版股份有限公司
製版印刷／長城製版印刷股份有限公司
電話／（02）2918-3366（代表號）
經銷商／聯合發行股份有限公司
電話／（02）2917-8022
第一版第一刷／2017年8月
定價／新台幣300元

日本版原書名／ララチッタ　釜山
日本版發行人／秋田　守
Lala Citta Series
Title: BUSAN
© 2016 JTB Publishing, Inc.
All Rights Reserved.
First published in Japan in 2016 by JTB Publishing, Inc. Tokyo
Chinese translation rights arranged with JTB Publishing, Inc.
through CREEK & RIVER Co., Ltd. Tokyo
Chinese translation copyrights © 2017 by Jen Jen Publishing Co., Ltd.

人人出版好本事
提供旅遊小常識＆最新出版訊息
回答問卷還有送小贈品
部落格網址：http://www.jjp.com.tw/jenjenblog/